W0249683

Silvia Dober

MANCHMAL KANN GLÜCK EBEN STINKEN

Klartext in Sachen Hundehaltung

© 2021 KYNOS VERLAG Dr. Dieter Fleig GmbH
Konrad-Zuse-Straße 3 • D-54552 Nerdlen/Daun
Telefon: 06592 957389-0
www.kynos-verlag.de

Gedruckt in Lettland

ISBN 978-3-95464-245-8

Bildnachweis: Alle Grafiken von Kudryashka-stock.adobe.com

Inhaltsverzeichnis

1. Diskussionen im Dickschädeldialog ... 4
2. Verräter und andere Helden ... 8
3. Na warte! ... 12
4. Entengrütze mit Sonnenschein ... 18
5. Würfelhusten ... 22
6. Wann ist es soweit? ... 28
7. Ein Plan ist besser als kein Plan... ... 34
8. Er wedelt ... also freut er sich ... 40
9. Das Wandern ist des Müllers Lust ... 44
10. Bellen ist nur die halbe Miete... ... 48
11. Was ist das für eine Rasse? ... 52
12. Ellie ... 58
13. Wie kommt die Info in den Schädel? ... 64
14. Meine Güte, so schwer isses doch nicht! ... 70
15. Angriff der Kinder! ... 76
16. Was bist du denn?! ... 80
17. Mit dem Hund arbeiten heißt Kommandos beibringen ... nicht wirklich! ... 84
18. ... also unterwirf dich gefälligst! ... 86
19. Aggressiv ... was ist das eigentlich? ... 92
20. Zielgerade ... 96
21. Es wird nichts so heiß gegessen, wie es gekocht wird. ... 102
22. Was Gutes tun ... 106
23. E pluribus unum ... 112
24. Geringelte Wollsocken ... 116

1. Diskussionen im Dickschädeldialog

Nach absolviertem Tagwerk bekommen die Untertanen gerne als Abendbrot ein variierendes Kaudingsbums wie Kopfhaut, Rindernasen, Hühnerfüße, Ochsenziemer et cetera. Es muss oecotrophologisch nicht immer unbedingt ausgewogen sein. Das sind Chips und Schokolade für Menschen auch nicht.
Das Trio darf sich al gusto etwas aus der Futterschatzkiste wählen und mampfend das Nickerchen einläuten.

Oft sind die Futtermittel dieser Kategorie zur längerfristigen Beschäftigung ausgelegt. Jedoch kann der Verdauungsprozess in den Hintergrund rücken, wenn das Spiel „Schnall es endlich" revitalisiert wird.

Dem Chef des Rudels geht es simpel um ein Statement. Die Kurze (aktuell ein Jahr und erst seit sechs Monaten im Haushalt) hat den Kabelbrand im eigenen Sicherungskasten im Blick.
Jeder hat sein eigenes Teil. Selber ausgesucht (weil: für am besten befunden).

Aaaaber, irgendwie haben die anderen... etwas anderes.
Was'n wohl?
Wie schmeckt das?
Und wie komme ich da sowohl unauffällig als auch kurzfristig dran?

Während Ellie, alias die Kurze, auf Paddys Büffelhautkleinod schielt, sinniert er schon, wann er ihre Portion kassieren wird. Es geht lediglich um das Wann, nicht um das Ob. Elf Jahre länger leben bringt durchaus Vorteile bei Taktik und Umsetzung.

Die Kurze denkt sich: ich glaub, ich geh jetzt ma los.
Sein Blick sagt souverän: brauchste nicht mehr.

Dann folgen jammernde Winselchen, mit Mini-Seufzern garniert. Sie leidet in Unverständnis und aufwallendem Frust. Wieso will er zwei, wenn er keins frisst? Der spinnt doch!
Er liegt mit seinem Beutepaar in Reichweite und genießt die Show des sich windenden Wurms. Das kann sich schon eine Weile hinziehen, mit diversen Versuchen der Akquise ihrerseits. Antäuschen, vorbeischlängeln, direkter Zugriff, Theater machen, Unruhe ins Rudel bringen, um durch Ablenkung ans Ziel zu gelangen. Doof isse nicht, ihm dennoch nicht gewachsen. Irgendwann geht der Kurzen ein wenig die Luft aus und sie kommt zur Ruhe. Ein Moment der Stille. Für die einen ist es Resignation, für die anderen ein klarer Sieg nach Punkten.

Dann steht er auf und geht lässig weg. Haben ist eben besser als brauchen.
Wollen wollte er es die ganze Zeit nicht.
Ihm ging es lediglich um die Verteilung des besitzanzeigenden Fürwortes. Das ist meins.
Ellies Bemühungen, an die Beute zu kommen, verliehen derselben nur eine erhöhte Wertigkeit. Davon wächst nicht der Kohldampf des Besitzers, aber dessen Stellung. Dazu der entspannte Körper, die teilnahmslose Mimik. Noch weniger Spannung und er würde ausgasen.

Und ich profitiere als amtierende Regierung auch.

Der Lernerfolg Ellies: Ruhe bewahren, abartige Hartnäckigkeit reduzieren und dann lösen sich die Probleme von selbst. Terz machen und einem auf den Sack gehen bringt nichts.
So wird ein neues Familienmitglied in der Kooperative erzogen. Alle machen mit.
Ein gutes Gefühl.

Selber sitze ich in erster Reihe und finde es immer wieder spannend, zu beobachten, wie Hunde untereinander kommunizieren. Man achtet auf den Körper, die Atmung, die Mimik, die Energie der Situation. Und ich muss zum Teil dennoch aufpassen, weil ich mich vor Lachen manchmal nicht halten kann.

Jeder noch so niedliche Hund kann auch eiskalt und fies sein. Wenn es das Gegenüber mit sich machen lässt.

2. Verräter und andere Helden

Normalerweise sprudeln meine Untertanen devot und ausgelassen auf mich zu, wenn ich nach Hause komme. Unsere Omi hüpft mit den Vorderläufen auf einem imaginären Pogostab, der Rudelchef winselt und kriegt beim tiefen Wedeln freudig Schlagseite und der Belgier rotiert standesgemäß unter der Decke. Anspringen fällt aus, wegen is nich. Normalerweise.

Und dann kommt man nach Hause und das Einzige, was einen begrüßt, ist die am Briefkasten liegende Post. Gähnende Leere im Eingangsbereich. Man hört keinen Mucks, man sieht keine Nase, das ist nicht nur bei kleinen Kindern verräterisch. Vorsichtiges Schnüffeln meinerseits, soweit alles gut, niemand hat einen in die Bude gebrummt.

Erstmal alles so wie immer, Schuhe aus, Tasche wegstellen, Schlüssel ans Brett. Noch immer nichts.
Ok, offensichtlich ist da etwas faul. Nicht nur die Monster sind zu faul zum Aufstehen.
Der investigative Teil der Hundehaltung beschäftigt sich nicht nur mit den Fragen, warum ein Hund was macht, sondern auch, warum er etwas nicht macht.

Durch den Flur in die Küche. Der Rudelchef fläzt lässig in der Wohnzimmertür.
Guckt mich an, den Chillmodus cool beibehaltend, blickt wieder gen Wohnzimmer. Jedoch hat es einen Beigeschmack von unauffällig

bleiben. Er guckt mich wieder an, dann ins Wohnzimmer, guckt mich an, dann ins Wohnzimmer.
Ok, was es auch ist, so cool ist er bei Kollaboration nicht, also scheint er unbeteiligt zu sein.
Nachtigall, ick hör dir trapsen.

Ich folge seinem Blick, sehe die Omi. Selbige ist nicht ganz so entspannt wie der sich aalende Hunde-Cheffi, aber das gehört bei ihr zur Werkseinstellung. Dennoch adressiert sie mich, guckt weg, schluckt, leckt sich die Lefzen, guckt wieder weg. Astreine Beschwichtigung, also muss irgendwas passiert sein. Immer in die gleiche Richtung.
Na fein, bei zwei Souffleusen lasse ich meinen Blick mal in die anvisierte Richtung schweifen. Und siehe da, ich weiß immer noch nicht, worum es geht, aber zumindest habe ich eine lauwarme Ahnung, wer es war.
Im Korb zwischen Ohrensessel und Hauswand pumpt ein Maikäfer. Und was für einer. Der hellbraune Maikäfer mit schwarzer Maske und den samtigsten Stehohren kann nicht fliegen, wiegt 23 kg und ihr geht ordentlich die Flatter. Meine Belgierin sitzt angenagelt im Korb und schaut mich an wie eine Kuh, wenn es blitzt. Über ihre Stirn läuft in Leuchtbuchstaben AU BACKE, JETZT ISSE DA.

Ich freue mich ja immer, wenn ich bei meinem Fußvolk eine Reaktion auslöse, aber Ungemach ist nicht vorsätzlich dabei. Zudem weiß ich immer noch nicht, was denn nun der Grund für das emotionale Hoch der beiden Petzen ist.

Nach einem Streifzug durch den vermeintlichen Ort des Geschehens kam der Stein des Anstoßes zum Vorschein. Vom Wohnzimmertisch war ein Stoff-Haargummi gefallen.
Auch Hunde können aus einer Mücke einen Elefanten machen. Der Couchtisch ist niedrig, da reicht es, wenn im Vorbeigehen die Rute

ihr Ding durchzieht. Ein Wisch plus Schwerkraft und da haben wir den Salat.

Es ist nichts Schlimmes und selbst wenn, es ist passiert. Und die Reaktion sollte darauf auch entsprechend sein.

Man legt das Objekt zurück, schnauft beruhigend ab, entspannt die Mimik (auch, wenn man sich eigentlich amüsiert) und lädt die Hunde zu sich ein. An den Tatorttisch des Geschehens, in die Nähe des Stoffkollateralschadens.

Brutus und Brutine, das pelzige Verrätergespann, werden genauso dazu gebeten wie der Malinois, der sich am liebsten in Luft aufgelöst hätte. Eine stressige Situation wird gemeinschaftlich und ruhig aufgelöst, der Mensch zeigt, dass alles halb so wild ist. Wegen eines Haarbandes sauer werden ist zum einen nicht der Rede wert, zum anderen habe ich das gar nicht nötig.

Wenn mich eine Haarbandlappalie aus der Reserve lockt, was bin ich dann im Ernstfall für eine Niete?

Man hätte sich wegen des Gefallenen aufregen können, den Hunden das Teil erzürnt präsentieren können, allen den gleichen Anranzer verpassen können. Schließlich gilt es doch landläufig als respektlos, sich an den Sachen des anderen zu vergreifen. Aber warum?

Etwas fällt runter, man hebt es auf. Einer baut Mist, es wird korrigiert. Ein Versehen geschieht und man macht es ungeschehen.

Obwohl gerne und häufig propagiert wird, dass Hunde kein Gefühl für Falsch und Richtig haben oder Handlungen nicht bewerten, erlebe ich es immer wieder.

Das Haarband fällt und 1 und 2 des Rudels wissen, dass 3 sich an den Klotten der Regierung vergangen hat. Nicht vorsätzlich, sonst wäre das Teil zur Unkenntlichkeit durchgekaut, vollgelüllert und im eigenen Korb gebunkert worden.

Kommt nun die Regierung nach Hause, können sie sich ganz relaxt der Vorstellung widmen, wie die 3 Blut und Wasser schwitzt. Sie verpfeifen sogar den Belgier, wähnen sich in Sicherheit.
Die Verteilung der Rollen war schon klar, da hatte ich noch keinen Fuß im Haus. Wäre es eine Reaktion auf mich gewesen, hätten mich alle begrüßt und sich dann rubbeldikatz verpieselt, sobald ich den Fauxpas erblickt und darauf eine Reaktion gezeigt hätte.

Das war kein Einzelfall, auch unser Neuzugang Ellie zeigt solches Verhalten. Seit sie bei uns ist, wurde Stufe für Stufe das Alleinbleiben geübt. Wohlgemerkt, die Wuffis sind nun zu viert allein. Manchmal geht durch unseren Gehirnazubi etwas kaputt, manchmal geht viel kaputt. Manchmal auch gar nichts. Was bei ihr jedoch immer gleich ist, wenn ihr schreddernder Kiefer etwas annektiert hat: sie parkt unter dem Esszimmertisch und lugt, in Spannung ausharrend, hervor. Nähert man sich dem Opfer, zum Beispiel einem Sofakissen, was von ihr runtergefallen worden ist, steigt die Spannung. Da wird dann gerne ein kurzintervalliges Zittern nachgelegt, ein wenig rumgefiept und zum Zwinkern bleibt keine Zeit mehr.
Ich nehme das Kissen in die Hand, sie fällt ins Wachkoma.
Das Kissen wird wieder aufs Sofa gelegt, ich breite meine Arme aus, die Augen werden leicht mandelförmig, der Körper steht tendenziell seitlich und ich lade sie ein. Dann guckt die Kurze ganz ungläubig, als ob gleich ein Team von der „Versteckten Kamera“ um die Ecke kommt, und hopst mir freudig entgegen. Wieder ein schöner Tag, um von der Menschin mit Führungsanspruch überrascht zu werden.

3. Na warte!

Paddy, ein Border-Collie-Husky-Mix, kam mit sechs Wochen zu uns. Das ist nicht das richtige Alter, um als Welpe die Mutter und den Wurf zu verlassen. Jedoch war die Vorlage des Halters: Was jetzt nicht abgeholt wird, kommt ins Tierheim. Der Wurf war groß, die Wohnung nicht und die Bande hatte dem Mann das Interieur in Grund und Boden gewohnt.

Wir holten den kleinen Racker ab, machten auf der Rückfahrt alle Stunde eine Pause und soweit lief alles gut.
Unser erster Welpe.

Im Haus, damals war er der erste Vierbeiner (von lebenslang und begleitenden Familienhunden mal abgesehen), gefiel es ihm recht gut und insgesamt war der Knopf mehr als nur gewillt, sein Quäntchen zum Sozialgefüge beizutragen.
Die ersten Spaziergänge, die stetig immer ausgedehnter wurden. Bekanntschaften knüpfen, Lebensformen kennenlernen. Zwischendurch immer Nickerchen, damit der Geist nicht abraucht, sich der Körper erholen und das Gehirn das Gelernte verarbeiten kann.
So weit, so gut.

Wenn da nicht dieses eine Aber gewesen wäre. Er fraß eher mäßig. Anfangs gierig und zuverlässig, dann etwas schlechter. Gut, kann mal vorkommen. Der Kohldampf ist nicht jeden Tag gleich. Das hängt von vielen Parametern ab, wie zum Beispiel Bewegung, Angebot, Wachstum, Beschäftigung, Neid, Hormonstatus und so weiter.
Mit fünfzehn Wochen wurde es zum Teil bedenklich. Da steht die kleine Puderquaste vor einem, die Mini-Plauze gurgelt mangels Füllstand, und dennoch kriegt Hundi die Zähne nicht auseinander.

Ein kurzer Check: Nase gut, Puls gut, Körpertemperatur gut, Augen klar und glänzend, Pfoten warm … scheint soweit gesund zu sein. Na gut, wenn er jetzt nicht will, dann warten wir ein wenig. Somit kam das Futter wieder weg. Trotz massiver Knochen kann ein Gesicht länger werden, wenn Schnuffi die lukullische Collage schwinden sieht.

Das mehr und mehr sporadisch werdende Futter wurde nun via Ausschlussverfahren eruiert.

Was frisst er, was nicht. Was manchmal, was immer. Was gerne, was eher aus Höflichkeit (so zumindest der Eindruck, wenn er gnädig darauf rumkaute).

Zwar verlor der kleine Hund ein wenig Gewicht, aber nichts, was besorgniserregend war. Der Welpendurchschnitt ist eine konsequente Zunahme, wegen der Mischung aus Wachstum und Kohldampf. Mal stagniert es ein wenig, dann wird weitergespachtelt und das Gewicht geht nach oben.

Bei Paddy wurde die Mahlzeit jedoch immer mehr zum zu absolvierenden Tagespunkt. Ok, dann kommen jetzt die harten Bandagen. Wenn Butter nicht geht, dann geht nichts mehr. Butter verfolgt ein ähnliches Konzept wie Schokolade beim Menschen. Süßes Fett, noch Fragen?

Butter ging. Was geht denn noch? Nassfutter ohne Trockenfutter, erst aus dem Napf, später nur noch aus der Hand. Noch später saß man beim Vieh auf den Fliesen.

Und da kommt ein bekanntes Problem, welches Branchen übergreift, ins Spiel. Betriebsblindheit.

Das Füttern wurde mehr und mehr zum Drama, denn dem kleinen Wurm darf es doch an nichts fehlen. Der muss doch mehr brauchen als für nen hohlen Zahn. Oder er verarscht uns nach Strich und Faden.

Verdammte Axt, das geht so nicht. Also das Kummerküken eingepackt und mit Paddy zum Onkel Doktor gefahren.

Beim Paddy-ater, unserem seit Jahrzehnten geschätzten Veterinärmediziner, wurde nach einem physischen Check-up noch ein wenig Blut abgezapft. Der Körpersaft ist aufschlussreich und seine Untersuchung entlarvt manches Geheimnis. Der Doktor zog das Objekt der Besorgnis durch seine kompetenten Finger. Das Ergebnis vom Blutbild sollte am nächsten Tag da sein. Soweit war mit dem kleinen Allwetter-Mikrofon alles paletti.

In unserem Fall war das Geheimnis keines. Der Köter war blitzgesund! Dickköpfig und mit einer Michelin-Ader wollte der Feinkostschmarotzer nur seine Mahlzeiten optimieren.
Er weiß, was er will und das zieht er dann beinhart durch.

Für Paddy ist das souverän und gut, das bringt nur für die zukünftigen Jahre ein krasses Potenzial an Grundsatzdiskussionen mit sich. Der Border macht ihn fit im Oberstübchen, der Husky anteilig bestimmt bis kurz vor verbohrt. So ist das eben, wenn man sich entscheiden muss, in welche Richtung man bei zweistelligen Minusgraden rennt. Man trifft eine Entscheidung und lebt damit. Oder eben nicht mehr so lange.
Paddy hatte festgestellt, dass er beim Rumbocken immer andere Optionen für seinen kleinen Kullerwanst bekommt, die nicht zwangsläufig schlechter sind als das, was einem die Regierung in wachsender Verzweiflung beim letzten Dinner präsentierte. Da wäre man doch doof, den Gaul nicht zu reiten, bis er umfällt.
Außerdem änderte der Gaul die Präsentation der Tageskalorien von einem Napf, über diverse Napfvariationen und Orte in Handfütterung mit tendenziell verzweifelter Ausstrahlung.

Super, wenn die eigene Funktion als Nabel der Welt endlich vom Zweibeiner anerkannt wird. Schade, dass Menschen so lange für diese Erkenntnis brauchen.

Dumm nur, dass sich der Hottemax für einen ruckartigen Abwurf entschieden hat. Das Blutbild war ausgewertet, dem Tyrann für Anfänger fehlte nichts.
Noch nichts.

Mit dem Ergebnis im Bewusstsein änderte sich Zuhause etwas für Paddy.
Trockenfutter.
Nur Trockenfutter, als Hauptmahlzeit. Gut, dass der Hund keine Waffe besaß, sonst wäre ich standesrechtlich erschossen worden. Trockenfutter ist schon ein Affront gegen das Selbstverständnis des Dickfelligen. Dein popeliges Trockenfutter kannst du mal schön selber fressen! In deutlicher Reaktion verneinte er das offerierte Mahl. Gut, dann nicht.

Nichts, um genau zu sein.
Für die nächsten zwölf Stunden.
Aber so ein armer kleiner Hund, den kann man doch nicht auf Nulldiät setzen! Hab ich auch nicht, denn die Futterabstände haben sich lediglich vergrößert und Wasser gab es in Hülle und Fülle. Man muss sich nur mal die traurigen Augen angucken, wie enttäuscht er doch ist. So, wie der Manipulator guckte, hatte er locker schon beim Kreisveterinär angerufen und die kalorienfreie Haltungsform gemeldet.

Schlecht gelaunt brummelte sich der Flauschomat durch den Tag. Man kann ja winselnd immer wieder anklopfen. Findet nur kein Gehör.

Nach dem ersten Intervall der Selbstkasteiung kam wieder Futter ins Spiel.
Sie geht in die Küche, holt den Napf, raschelt an der Tüte... Speichelsturz aktiviert und auf die Socken gemacht. Aber wofür? Schon wieder Trockenfutter.
Persönlich beleidigt zog der Dickfellige von dannen.
Die Alte schnallt es einfach nicht!

Es geht nicht darum, via erzeugtem Nahrungsentzug dem Hund den eigenen Willen aufzuzwingen. Aber wenn man nur Appetit auf Spirentzchen hat, dann ist es Appetit, kein Hunger. Fehlt nur noch, dass man dem Verzogenen eine Pfauenfeder neben das Mahl, zur Erleichterung seiner selbst, reicht.

Hundi war mittlerweile nicht mehr so wirklich beschwingt unterwegs. Denken ist anstrengend. Mit Kohldampf noch mehr. Um dem Ganzen nicht den Touch von Schikane zu verleihen, bietet es sich an, die Kalorienpause als Mensch mitzumachen. Theoretisch.
Das zweite Zeithäppchen war vorbei. Nun hatte der gnädige Herr in 24 Stunden nichts bekommen. Nicht meinetwegen, sondern wegen seines verbohrten Gaumens und seines Praktikums als Pseudoimperator.

Ich ging in die Küche, holte einen Napf, etwas Trockenfutter rein. Dicht hinter mir stand der Flauschomat mit dem Dickschädel.
Mit dem Napf an den Platz des Fressens. Pott abgestellt. Einen Schritt zurück. Paddy guckte mich an, guckte auf seine Ration und fing mit langen Zähnen an zu mampfen.

Die Oma hat es schon gesagt: Hunger ist der beste Koch.

4. Entengrütze mit Sonnenschein

Unter idealen Bedingungen kann man seinen Hund überall hin mitnehmen, sofern es die Örtlichkeiten gestatten und der Begleiter sich zu benehmen weiß. Erziehung ist da meist von Vorteil. Klappt das längerfristig gut, werden auch die Trips mit dem Vierbeiner länger. Warum nicht mit dem ganzen Haufen in den Urlaub fahren?
Ein paar Tage an die Mecklenburger Seenplatte, ein wenig entspannen. Runterkommen vom Alltag, die Natur genießen und nicht traurig sein, dass das Handy ohne Empfang ist. Herrlich.

An einem schönen Morgen beschlossen wir, eine Radtour mit den Hunden zu machen. Eine überschaubare Strecke mit viel Wald, Wasser und den erforderlichen Pausen.
Entschleunigen war das Stichwort.

So ließen wir uns ein wenig durch die Natur treiben, genossen die frische Luft. Paddy und Gin stromerten mit uns und um uns herum. Die Hundemarken klangen ein wenig wie Weihnachten und klimperten fröhlich im Wind.
Dann sollte Gins Sternstunde kommen. Der Schäferhund-Pointer-Mix liebt Wasser. Am besten eins zu eins mit Erde, Laub und ähnlichem aufgewertet. Sie räumt gerne Ufer auf und watet durch den Brodder. Doch der jetzt gefundene Straßengraben sprengte alle bisher gemachten Erfahrungen. Es war nämlich keiner. Es war ein Kanal. Stand zumindest auf dem Schild, aber Ihro Gnaden hatte es ja nicht nötig, da mal einen Blick drauf zu werfen.

Es blinzelte ein wenig Wasser durch den grünen Teppich. Wo etwas Wasser ist, da ist bestimmt auch mehr.
Voller Begeisterung spurtete die Seehundparodie das Gefälle Richtung Glitzer hinunter. In einem Affenzahn, um genau zu sein. Das feine Fräulein lief in direkter Linie von der Böschung nahtlos in den Kanal rein und war verschwunden.
Als was gehst du an Karneval? Dieses Jahr fände ich ein Senkblei durchaus ansprechend.

Vom Fahrrad aus guckten wir ein wenig spärlich, bis die Gute irritiert wieder aus dem Wasser ploppte.
Wie die Wanderausstellung des hiesigen Gärtners kam Gin zurück aufs Trockene. Sie war komplett im Kanal verschwunden gewesen. Wieder im Bereich der Aerobier, schüttelte sie sich ausgiebig. Die Entengrütze flog wie nach Kontakt zu einer Oberfräse. Der Köter stank wie Hulle, was auch nach ausgiebiger Rotation um ihre eigene Achse nicht behoben war. Und dabei waren wir noch draußen. Schmott in den Augen, Plörre aus den Ohren und alles unter einer Schicht aus Brackwasser und Grünzeug. Beim Bund hätte sie für ihre Tarnung ein Fleißsternchen bekommen.
Wir quittierten ihre Rückkehr an die Oberfläche anfänglich mit Freude, dann mit einem nicht gerade unterschwelligen Würgen. Wo ist der Gegenwind, wenn man ihn braucht?
Wieder zurück musste der Kompost-to-go erstmal dringend unter die Dusche. Und dann nochmal. Wie kann ein einziger Hund so stinken? Eine eher uns betreffende Frage, denn für Kack-Kack Chanel war alles im grünen Bereich. Der Mensch stellt sich aber auch an.
Vermutlich verschieben sich die Standards, wenn man sich den eigenen Hintern lecken kann und wiederverwendbare Anteile von kalter Rudelkotze des Vorabends morgens akribisch aus dem Rasen

schlabbert. Als Halter kann ich nur sagen, ich mache echt viel mit, aber zur persönlichen Epiphanie Vomitat aus der Begrünung lutschen, nein danke.

Was kann man nun für sich mitnehmen?

Hätte ich interveniert, dann wäre der Hund nicht in den Kanal, hätte nicht überall die stinkige Pampe am Leib und hätte nicht geduscht werden müssen. Passanten, an denen wir auf dem Rückweg vorbeikamen, wären nicht von unserem niedlichen, aber wie Sau stinkenden Hund abgeschreckt worden und der Rest der tollen Tour hätte nicht in stundenlangem Duschen geendet.
Aber so…hatten die Untertanen einen tollen Ausflug mit der Regierung. Der Kanal war zu keinem Zeitpunkt eine Gefahr für den Hund. Uns schrumpelten zwar die Nasen weg, als unser kleines Sumpfmonster die Selbstverwirklichung abgeschlossen hatte, aber das ist halt so.

Manchmal kann Glück eben stinken.

Man kann vorher einschreiten, einen blitzsauberen Hund wieder mit ins Hotel nehmen und am Abend gepflegt zum Essen gehen.
Oder der Hund darf Hund sein und innerhalb eines Sets von Regeln machen, wonach es ihm beliebt. Wenn stinken und brutalst einsauen dazugehört, bitte. Manche sammeln Autos, andere springen an einem Seil von Brücken, die nächsten lassen sich tätowieren.

Glück ist speziesübergreifend individuell.

5. Würfelhusten

Zu der Ernährung meiner Hunde gehört auch Fleisch. Diverse Abwandlungen tierischen Proteins machen die Menükarte nicht nur interessant, sondern werten sie ebenso auf. Nassfutter, Trockenfutter, Fleisch, Obst, Fisch, ein bisschen was zu Schlickern, mal etwas Hüttenkäse oder ein Löffel Lebertran dazu machen die Mahlzeiten abwechslungsreich und ansprechend.
Man kann ebenso immer eine Sorte Trockenfutter mit ner Tasse Wasser drüber geben. Das wird genauso gefressen und hat unseren damaligen Deutsch Kurzhaar 15 Jahre lang bei Laune gehalten. Damals war die Einstellung zu Hunden jedoch noch eine andere, heute wird viel mehr Brimborium darum gemacht.

Aber warum auch nicht? Früher gab es auch keine Physiotherapie, keine Prothesen, keine blühende Auswahl an Aktivitäten für den durchschnittlichen Familienhund, keine 25.000 Halsbänder und Leinen passend zum Outfit.
Dennoch haben sich die Schnuffis nicht vom Bürgersteig gestürzt, weil alles schrecklich war. Es war halt so.

Bei uns stand zimmerwarme Beinscheibe auf dem Plan und lag auch schon parat zum Schnibbeln auf dem Brett in der Küche. Verpackung auf und ganz unauffällig patrouillierten die kleinen Hungerhaken sporadisch über den Fliesenspiegel. Vielleicht fällt ihr ja was vom Brett, die perfekte Gelegenheit, um sich als Ionenwischer anzubieten.
Die Kuh wurde gewürfelt. Die halbierten Knochen als Nachtisch an die Seite und dann auf zur Raubtierfütterung. Ich sitze vor den Orgelpfeifen und in hierarchischer Reihenfolge verschwindet das

Rinderpuzzle in den Fängen. Es gibt bei uns keinen Futterneid bei der Handfütterung. Das kann, bei dessen Duldung, zu derben Ausrutschern führen. Anfangs gab es durchaus noch Diskussionsbedarf, der aber wohlwollend im Keim erstickt wurde.
Sobald einer Theater macht, das Fleisch des anderen haben will, sich vordrängelt oder meint, seinen Unmut bezüglich der Reihenfolge und Auswahl der Brocken kundzutun, ist eben Ende. Für alle. Dann wandert das Fleisch mit der Regierung wieder in die Küche. Basta. Volkszorn für den Hund mit Starallüren und beim nächsten Mal klappt es schon viel besser.

So saßen nun drei Bedürftige auf ihrem Poppes vor mir und genossen das Mahl.
Am Ende ging ich wieder in die Küche, räumte den restlichen Kram weg und wollte den Tag endlich ausklingen lassen.
Ellie lag friedlich auf ihrem Polster, als sie abrupt aufstand. Ein paar Schritte vom Korb weg und mit fünf Atü das Abendbrot auf die hellste Stelle des Teppichs gegöbelt.

Wohin auch sonst, die Fliesen vielleicht? Oder Bescheid sagen, um in den Garten gelassen werden zu können?
Super, ne Viertelstunde Pause reicht mir ja auch völlig. Der Hund hatte sich wegen des blitzartigen Rückwärtsessens offensichtlich selber erschrocken. Sie sah auf das Ergebnis. Verdammter Mist, wie ist das denn passiert? Hoffentlich hat das die Regierung nicht gesehen. Ein kleiner Kondensstreifen wies den Weg diametral von der Proteinbrosche in die entgegengesetzte Ecke des Zimmers.

Ellie saß danach in einem anderen Korb, wirkte tiefergelegt und wich mir mit allem aus, was eine vermeintliche Angriffsfläche bot. Damit das nicht falsch rüberkommt: sowas erfährt keine Wertung.

Das passiert und wird behoben. Hunde sind keine Nestbeschmutzer. Wenn sie die Wahl haben, zeigen sie es immer an, sofern die Zeit da ist und basteln einen Maulwurfhaufen nicht von sich aus vor den Fernseher, weil es so lustig ist.

Außerdem gibt es Unterschiede. Meist melden sie vorher an, dass die nächste Fahrt rückwärts geht. Sie sabbern vermehrt, die Ohren legen sich flach an den Hinterkopf, das Maul zieht sich lang nach hinten, die Augen werden unruhig, sie laufen auf der Suche nach einem geeigneten Übergabeort durch die Gegend. Dann wird tief aus dem Bauch gepumpt. Und gepumpt, bis dann unter bekannten Geräuschen aus dem Magen der Bremsklotz entfernt wird. Manchmal gehen sie dann einfach weg, manchmal stehen sie bedröppelt daneben. Und manchmal werden ausgewählte Bestandteile, oder eben alles, wieder einverleibt.
Manchmal ist es schlicht ein leichtes Blubbern und schon drapiert Hundi ein Modell aus Beinscheibe und einem Kubikmeter Wasser auf den Wohnzimmerteppich.

Ist doch schön, wenn man sich selber noch überraschen kann. Wenn die Bestandshunde das machen, sind sie zwar nicht begeistert, jedoch entspannt. Ellie suchte ihr Heil in der Flucht. Bei Secondhand-Schnuffis kann man nie genau wissen, was in ihrem vorherigen Leben alles gewesen ist. Mutmaßungen bringen einen nur grob weiter und letztendlich kann man die Vergangenheit nicht ändern. Vielleicht hat Ellie beim Hervorwürgen mal Ärger bekommen. Oder sie göbelte fröhlich vor sich hin und zeitgleich geschah etwas ihr Unangenehmes.
Zwei Situationen, die eigentlich nichts miteinander zu tun haben, werden verknüpft. Ich kenne einen Hund, der Angst vor großen Linienmaschinen hat und unglücklicherweise in der Einflugschneise zu einem Flughafen wohnt. Jetzt ist ihm noch nie das Ticket nach Andalusien gestrichen worden. Aber oft, wenn er von einem mobbenden

Besuchshund hingebungsvoll die Zwölf poliert bekam, flog eben ne fette Boeing über die beiden.

Das Opferlamm kombinierte den Mobber mit den Passagiermaschinen und so entstand seine Angst vor selbigen. Ein Flieger zuckelte in ein paar tausend Metern Höhe über ihn weg und simultan erwartete er eine Attacke vom Mobber. Da muss man erstmal hinterkommen, wenn man von dem Unterdrücker erst nichts weiß und nur den Hund in blinder Panik flüchten sieht.

Wenn die Alteingesessenen spucken müssen, dann sind sie nicht verängstigt oder beschwichtigen danach. Bei denen fehlt nur noch, dass sie ein Fähnchen reinstecken wie Amundsen bei der Hatz nach dem Südpol.
Also lässt man den Fleischbausatz erstmal unbeachtet und guckt nach dem kleinen Knopf. Ich nähere mich ihr und der Hund wird immer winziger. Man kann den Puls am Wippen der Ohren mitzählen.

Ich stehe leicht seitlich, die Augen wie an Silvester (wenn man denkt, dass man noch fahren kann, das jedoch nicht mehr wirklich den Tatsachen entspricht), gucke freundlich, ohne die Zähne zu zeigen, die Stirn ist glatt und ich mache beruhigende Laute. In greifbarer Nähe lehnt sich der Hund weg.
Also bleib ich stehen.
Ellie wartet offensichtlich auf den Abdecker.
Bin ich aber nicht.

Sie bekommt kurz Zeit, um das in ihrem Oberstübchen zu verarbeiten. Meine Atmung ist ruhig und kommt aus dem Bauch. Der Zimmerspringbrunnen schnauft einmal kurz, als ob sie sich ein Herz fassen muss, und wagt einen zaghaften Versuch in meine Richtung. Mit der Rückseite der Hand streiche ich über die mir zugewandte Schulterseite.

Sie erkennt den Unterschied zwischen Hand und Distanzschocker, wird mutiger und kann dann endlich das Adrenalin dem Anlass entsprechend runterfahren.

Der Geifer hängt noch etwas in der Maulspalte.
Soll heißen, das dauert nicht alles ewig, Reaktionen auf Gestik und Mimik gehen in Bruchteilen von Sekunden.
Während die Kurze ein wenig gepuckert wird, mache ich simultan einen Check. Ohren warm, Nase kalt, Augen glänzen, Pfoten sind warm, Atmung regelmäßig, weicher Bauch, kein Zittern, Glanz in den Augen, lässt sich überall anfassen. So weit, so gut.

Ich trenne mich von ihr und hole das notwendige Zeug, um die mittlerweile gut eingezogene Pampe aus dem Teppich zu friemeln.
Ich gehe in die Küche, der Hund kommt mit. Ich gehe ins Wohnzimmer, der Hund kommt mit. Ich stehe vor dem Maulwurfhaufen aus Rind, der Hund zögert. Nein, es ist immer noch nicht schlimm. Kannst gerne gucken, wie ich deinen missglückten Verdauungsvorgang entferne.

So hocke ich nun auf dem Teppich, kratze erkaltendes Abendbrot aus dem Geklöppelten und Ellie liegt skeptisch, jedoch nicht in Alarmbereitschaft, daneben.

Das ist doch noch gut, wieso frisst du das nicht selber?
Während ich mit Schmackes aus den Tiefen des Flores das angedaute Fleisch und Trinkwasser des letzten Saufvorganges knibbel, gehen mir diverse Gedanken durch den Kopf.

Wieso hat ein kleiner Hund (13 Monate) Fluchtbereitschaft, wenn eine natürliche Körperfunktion geschehen ist? Ein Hund hat kein Unrechtsempfinden für Ausscheidungsprodukte. Folglich zwang ihn die Reaktion des ehemaligen Umfeldes dazu, sein Heil in der Flucht zu suchen. Sowas ist schnell geschehen. Der Mensch sagt nur ein enttäuschtes *nicht schon wieder*, ein erzürntes *was machst du da*, oder man jagt dem Kotzer in spe hinterher, damit er nicht den Perserteppich zum Totalschaden macht.

Hunden muss nicht unbedingt übel sein, um sich zu übergeben. Doch der Vorgang an sich gewinnt nicht an Liebreiz, nur weil man dabei mehr oder weniger taktvoll von seinem Zweibeiner dirigiert wird.

Was raus muss, muss raus. So ist das eben. Es geschieht, ob das Umfeld begeistert ist, oder nicht.

Als Halter kann man dem Hund zur Seite stehen, während der sich alles durch den Kopp gehen lässt. Nicht meckern und nachher eben den Feudel schwingen.
Wer sich übergeben muss, der tut es.
Da braucht man weder Applaus noch Buhrufe.

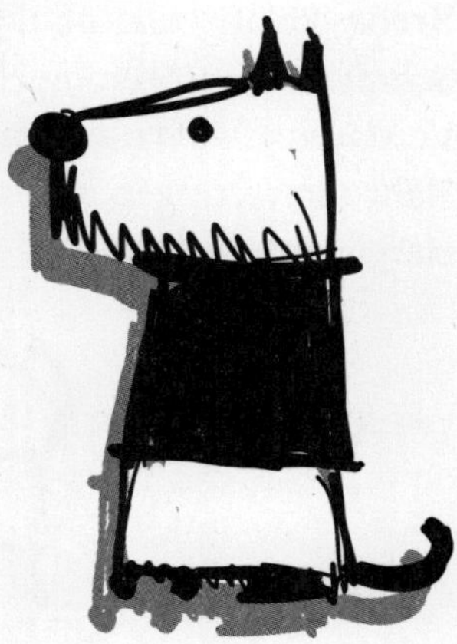

6. Wann ist es soweit?

Irgendwann gibt jeder den Löffel ab, die einen früher, andere holen sich Nachschlag und verschieben es auf später.

Chronische Erkrankungen (zum Beispiel Diabetes) beeinflussen einen lebenslang, verkürzen die Länge des Lebens jedoch nicht einschneidend.

Akute Vorkommnisse wie Unfälle sind kurzfristig auftretende Ereignisse, die entweder ebenso kurzfristig belasten (eine Wunde heilt wieder ab) oder langfristig begleiten (Amputation).

Doch bei einer Diagnose, die den Hund prinzipiell schon als tot deklariert, obwohl Wuffi gerade munter dem Tierarzt in die Einfahrt kackt, beginnt ein Lebensabschnitt, der es schwierig macht.
Schwierig, nicht dabei wahnsinnig zu werden, schwierig, diesem Abschnitt den Charakter von Leben zu geben.

Ein Beispiel?
Krebs. Relativ unauffällig kommt das desaströse Biest daher, ohne Schmerzrezeptoren muckt eine Leber auch nicht sonderlich auf. Die Verdauung läuft nicht mehr planmäßig, es wird nicht mehr alles an Nahrung vertragen und ab und zu gibt es mal Sprühwurst beim Spaziergang.

Vorsichtshalber schaut man beim Tierarzt vorbei, der ein Blutbild macht. Dann ein Ultraschall.
Das Resultat ernüchternd. Es ist noch ein bisschen Leber da, der Rest sind lauter kleine Tumor-Kaulquappen. Inoperabel. Und nun?

Nicht selten wird ein Hund bei einer letalen Diagnose erlöst. Erlöst, jedoch wovon? Das Tier hat keine Schmerzen, frisst, nimmt am Leben teil und freut sich desselbigen. Vermutlich, weil ihm keiner gesagt hat, dass seine neuen Homies Regenwürmer werden.

Mit diesem Schlag in die Magengrube geht es nach Hause. Warum läuft meinem Menschen das Wasser aus dem Gesicht, das Schiebedach ist doch zu?
Wenn der Schock halbwegs verarbeitet ist, die Optionen ausgewertet sind, beginnt ein neuer Tag.
Alles Lebende muss sterben.

Wenn der Tod auf einen zugaloppiert, kann man versuchen, schreiend wegzurennen, oder man guckt ihm ins Gesicht und bietet dem Unausweichlichen die Stirn.
Schläfert man das Tier unter solchen Umständen ein, ist es auch aus Selbstschutz, denn alles, was kommt, wird nicht leichter.
Jedoch, ohne den Mensch gäbe es keine Euthanasie.

So gibt es eine zweite Möglichkeit, die heißt Hospiz. Dort wird jeder Wunsch von den Augen abgelesen. Man darf essen, was man will. Machen, wozu man lustig ist. Schlafen bis in die Puppen oder einfach nur in der Sonne liegen und jeden Strahl genießen. Hautkrebs spielt ja keine Rolle mehr.
In meinem Rudel gibt es solch einen Gesundheitsdeserteur. Im Dezember kam die Diagnose. Mittlerweile wiegt die Hündin nur

noch sechzehn Kilo, sieht aus wie rückwärts durch die Hecke, erhält drei Medikamente und die Physio kommt regelmäßig ins Haus.
Wichtig ist, dass der Hund nicht wie ein Kranker behandelt wird. Nicht im Mitleid ertränken, auch nicht in Tränen.

Die Fütterung wurde auf das Bedürfnis angepasst, fünf bis sechs Mahlzeiten anstatt zwei pro Tag.
Und…was sie will: Forelle, Apfelkuchen, Kochschinken, Butterklümpchen, Mettbrötchen (Hunde dürfen kein rohes Schweinefleisch!), Babyglas, Sülze, Béchamel, Spekulatius…und beim Fleisch für die anderen ist sie eh dabei.
Man kann Leberkost füttern, davon lebt man länger, weil es auf das Krankheitsbild abgestimmt ist. Die mag sie aber nicht. Dann isst sie lieber gar nicht.
Von nichts essen lebt man bekanntlich noch weniger lang.

Seit März tragen wir sie jede Stufe, denn Treppen sind nicht mehr drin. Wenn mal ein Spaziergang ausgelassen wird, ist das kein Problem. Sie kann nicht mehr mit in die Stadt oder zum Training, weil es zu viel Stress ist. Die Aufregung laugt sie aus.
Also packt man das fusselige Gestell ins Auto und fährt einfach mal in der Siedlung um den Pudding, zum Tanken oder bringt Altglas weg. Dann ist sie mit, darf Auto fahren und hat trotz gesteigerter Anfälligkeit das Gefühl, dabeizusein.

Denn darum geht es, beim Rudel sein, in der eigenen Wohlfühlgarnitur. Krank sein ist schlimm, rottig aussehen ist egal, ohne das eigene Rudel sein ist Schikane. Das hält man nur tot aus. Soweit ist es noch nicht.
Es geht abwärts, keine Frage. Das ist ab dem Tag der Geburt so.

Wenn man jedoch beim Strullen in den Garten unterbricht, um den Igel zu jagen, dann ist das durchaus noch Anteilnahme am Leben.

Der Igel holt sich einen Liegestuhl und Sonnencreme, bis Hundi in Zeitlupe ataktisch angestöckert kommt. Aber das ist egal.

Wichtig ist, dass der Hund schmerzfrei ist und noch Bock hat. Der Igel ist auf der sicheren Seite und der Hund kann selbstbelohnendes Jagdverhalten ausüben. Wenn ich nicht mehr will, dann sind die Belohnung und der Kick irrelevant.

Bei einem kranken Tier muss man sich täglich fragen, ob man alles richtig macht, ob man mehr tun kann oder ob es nun gut ist. Dazu die gesteigerten Kosten, aktuell knapp dreihundert Euro extra. Das ist nicht unerheblich, jedoch spare ich die nächsten fünf bis sieben Jahre Futter, Steuern, Versicherung und so weiter.

Man macht es für den Patienten, nicht für sich. Hätte ich sie gleich eingeschläfert, hätte ich es wegen des Diagnoseschocks getan, wegen der Angst, was nun kommt, damit sie bloß nicht leiden muss.

Aber man kann sich auch dafür entscheiden, wertvolle Zeit miteinander verbringen.
Der verbleibenden Zeit mehr Wert zu geben.
Es ist ein langer, schmerzvoller Abschied. Doch man hat soviel Momente des Glücks geschenkt bekommen, die man noch gemeinsam erleben darf.

Lustige Momente, wo man ihr den Triumph ansieht, wenn es Pommes *Schranke* gibt (was definitiv nicht für Hunde geeignet ist), wo der Rest des Rudels mit langem Gesicht leer ausgeht und sie es sich genüsslich reinpfeift. Schöne Momente, in denen man gemeinsam durch den Wald schlendert. Erfolgsmomente, wenn sie gelernt hat ihre neuen Wünsche (Ey, ich will die Etage wechseln!) bewusst mitzuteilen und einzufordern. Ein Hund, der nicht mehr leben will, lernt nicht mehr, er wird apathisch.

Es dauert zwar gefühlt eine Woche, bis sie an der Tür ist, aber Besuch wird begrüßt. Anschlagen...dafür muss man nicht aufstehen, das geht auch im Liegen. Mit ihrem Lieblingsfreund, einem wuseligen Dackel, spielt sie immer noch bei jedem Treffen in der Natur und der Dackel hat nun eine reelle Chance.

So, wie sich der Hund in der neuen Situation zurechtfindet, so arrangieren wir uns auch. Man sieht den Weg abwärts und dennoch ist Lebensqualität da. Lässt sich ihr Wille spüren.
Sie jagt (eine sportliche Schildkröte könnte mithalten) einer Katze nach. Als Halter untersagt man das natürlich sofort.
Der Hund guckt mich an: Danke für die Info.
Und setzt die Slow-Motion-Hatz fort.
Vor der Garage wird die Katze gestellt, die die komplette Abwehr-Show abzieht.
Da komme ich um die Ecke und Hundi guckt mich an: Mmmmh, da steht ne durchdrehende Katze. Was wollte ich damit machen? Und warum ist die so aufgebauscht? Hab ich irgendwie vergessen...
Man sammelt den Hund ein und freut sich, dass man nochmal zusammen nach Hause gehen darf.

Wenn sie nicht mehr fressen will, Schmerzen hat oder nicht mehr aufstehen kann, dann ist der Zeitpunkt gekommen, dass ich mich von ihr verabschieden muss.
Sie in den Armen halte, wenn sie den letzten Atemzug macht. Ich habe jetzt schon Angst davor.
Bis dahin ist jeder Tag wertvoll. Körperliche Nähe erreicht ein anderes Level, beieinander und sein.
Im Jetzt. Mit Puls.
Vertrauen, Halt und Liebe strömen.

Wie man in der Situation damit umgeht, kann man von keinem vorgeschrieben bekommen. Das ist individuell und persönlich zu entscheiden. Einschläfern kann auch Gnade sein.
Ein Hund ist ein Leben lang treu und unabdingbar an der Seite des Menschen. Komme, was da wolle. In guten wie in schlechten Zeiten.
So mache ich das auch für meine Hunde.
Bis zum letzten Tag.

7. Ein Plan ist besser als kein Plan…

Wenn man einen Hund bekommt, egal in welchem Alter, macht man sich zumeist/hoffentlich Gedanken, was der neue Sozialpartner braucht.

Differierende Sozialkontakte, Grunderziehung, Buddies zum Toben, Aufbaukurs, Korb, Leine, Futter, Zuneigung, Ansprache, einen Platz im Gefüge der Familie, Impfungen, Zahnkontrolle…und so weiter.
Das Ganze zieht sich quasi unendlich fort.
Bis dann das Ende erreicht ist.

Nur, was dann? Der Hund verunfallt und ist schwer verletzt. Ab in die Tierklinik oder zum Veterinär und hoffen, dass alles gut geht. Manchmal klappt das, manchmal nicht.

Das sind akute Vorkommnisse, auf die man nur noch reagieren kann. Ein emotionales Grenzgebiet, das rationale Entscheidungen kaum möglich macht.
Was jedoch, wenn man eine Diagnose für sein Tier bekommen hat, bei der die Zukunft deutlich verkürzt ist? Eigentlich ist durch einen Befund wie Krebs im Endstadium oder eine ausgebrochene Borreliose das Schicksal des Hundes besiegelt.

Warum dann nicht gleich den finalen Schritt gehen und das Tier von seinem Leid erlösen? Ganz einfach, weil es nicht sein muss.

Es gibt einige Parameter, an denen man ausmachen kann, ob Schnuffi noch will. Ob Schnuffi noch kann.

Der Hund weiß nicht, wie es um ihn steht. Die Frage ist nun, ob man es als Halter erträgt, seinem geliebten Hund beim Sterben an der Seite zu stehen.
Denn das ist das, was der Hund tun würde… bis zum Ende an meiner Seite sein.
Hunde sitzen nach Tagen noch bei ihren verstorbenen Haltern, wenn diese zum Beispiel nach einem Schlaganfall tot von der Feuerwehr in der Wohnung aufgefunden werden.

Ist man stark genug, den Hund wie einen Hund zu behandeln und nicht wie einen, der mit jedem zweiten Herzschlag schon im Jenseits die ersten Marken setzt?
Das stresst den Patienten nur unnötig, denn…er weiß ja nicht, was los ist.

Er sieht nur seinen Menschen bedrückt, erlebt ihn überfürsorglich und ständig läuft dem Zweibeiner das Wasser aus den Augen. Und die Nase läuft, obwohl der Mensch eher nach Stress und Angst riecht und nicht wie sonst, wenn er einen Rotz hat und deswegen die Arbeit sausen lässt.
Was ist denn nur los?

Erste Priorität liegt auf einer Schmerzfreiheit. Dann kommt der Appetit ins Spiel. Solange noch gefressen wird, geht es dem Tier meistens gut.
Ebenso spielt eine Rolle, ob sich das normale Verhalten ändert. Steht der Hund, so wie immer, in der Tür, wenn ich nach Hause komme? Will er spazieren gehen, zeigt er Interesse an anderen Dingen oder Hunden?
Ist Katzen jagen immer noch geil? Macht er die Sachen, die er sonst gemacht hat, oder zieht er sich zurück und will am liebsten keinen sehen?

Was muss alles unternommen werden, um diesen Status zu halten (ist er überhaupt haltbar)? Oder kann er sich nach Ruhephasen beim Aufstehen mal richtig durchschütteln und alle Muskeln lockern?

Tiere nehmen bei schwerwiegenden Krankheiten oder hohem Alter genauso ab, wie es Menschen tun. Die Nahrung wird selektiert, nicht mehr alles gefressen und der sich verändernde Stoffwechsel trägt sein Scherflein dazu bei.

Infolgedessen wird das Fell struppig, fällt partiell vielleicht sogar aus und das Kummerküken magert ab. Auch hier, Gewichtsverlust unter das Normalgewicht ist kein Grund für Euthanasie (Models, Marathonläufer, Balletthasen, Leichtathleten ... bringt deswegen auch niemand um und das ist auch gut so!).

Solange der Hund leben will, darf er leben.

Nun gestaltet es sich so, dass das Unausweichliche an die Tür klopft. Der Hund ist definitiv auf der Zielgeraden. In den wenigsten Fällen läuft es so wunderbar, dass die Fellnase einfach morgens ohne Vitalfunktionen im Korb liegt. Im Schlaf zu sterben ist eine Gnade.

Wenn er bei Bewusstsein ist, geht nicht weg, weil Ihr Angst habt oder es nicht ertragen könnt.

Nehmt ihn in den Arm, setzt Euch zu ihm auf den Boden, hüllt ihn in Euren Geruch, Eure Worte und Eure Wärme. Lasst ihn nicht allein. Auch nicht, wenn Ihr mit ihm zum Tierarzt müsst (manche Tierärzte kommen zum Einschläfern auch nach Hause).

Die Hunde suchen Euch, suchen Halt bei einer Person des Vertrauens in einer Situation, in der sie durchaus merken, dass etwas nicht stimmt, das völlig fremd für sie ist, dass es gleich ans Eingemachte geht. Sterben kann man nicht üben.

Und auch, wenn es jetzt pietätlos klingen mag, macht Euch vorher Gedanken um nachher. Denn der Moment wird schlimm genug, da braucht man nicht noch administratives Klimbim als zusätzliche Belastung.

Was soll mit dem Körper passieren? Soll er verbrannt werden? Dann kann man sich vorher schon informieren, was da das passende Unternehmen ist, den dazugehörigen Kontakt abspeichern und schon vorher überlegen, was man als Arrangement in Erwägung zieht.
Hat man einen Garten, kann man Hundi dort beerdigen, in etwas, was auch in der Natur verrottet.

So stand ich im Baumarkt vor den großen Jutesäcken. Rot, Grün oder ungefärbt ... ein Mitarbeiter kam und fragte in überschwänglicher Dienstleisterfreundlichkeit, was ich den einpacken wolle?
Vielleicht einen Obstbaum oder eine schöne Rose?
Ich antwortete: „Einen Schäferhund." Viele können mit Malinois nichts anfangen und ich hatte auf Nachfragen nun wirklich keinen Bock.
Der Baumarktschlumpf blickte konsterniert aus der Wäsche.
„Da frag ich mal einen Kollegen" und wart nicht mehr gesehen.

Je nach Hund kann es schon ein ziemliches Loch benötigen (mindestens fünfzig Zentimeter Erde über dem Kadaver, nicht im Naturschutzgebiet, nur auf Privatgelände, zwei Meter von jeder Grundstücksgrenze entfernt). Die Erde muss etwas erhöht aufgeschüttet werden, weil das Grab einsacken wird und am besten legt man zur ersten Sicherung noch etwas Schweres drauf.

Heulend mit dem Spaten im Garten...nicht alles, was sich reimt, ist gut.
Zum Glück ist Hundi das Ausgraben der letzten Ruhestätte kein Dorn im Auge, denn die Verknüpfung erschließt sich ihm einfach nicht.
Ein Loch ist ein Loch ist ein Loch und gut ist.

Zu guter Letzt die einfachste Methode: Fragt das Tier, ob es noch will.
Blickt ihm in die Augen, schaut in seine Seele.
Ihr werdet immer eine Antwort bekommen. Und danach wird verantwortungsvoll gehandelt.
Es geht nicht um Euch und was Ihr wollt.
Handelt nicht für Euch, sondern für den Hund.
Das ist Eure Pflicht.
Das ist Euer Privileg.
Das ist Euer letzter Liebesdienst an einen wahren Freund.

8. Er wedelt… also freut er sich.

Natürlich, und im Hundekuchen sind Hunde.
Was ist die Rute eigentlich?
Manchmal erscheint sie so sinnvoll wie ein Kropf.
Sie wird amputiert, klemmt in der Tür, ist der letzte Teil vom Hund, der bei einer Flucht gebissen wird, verfilztes Gebammel.
Das kann doch nicht alles sein?
Auch dient sie als ein wertvoller Kommunikationsassistent, als Stimmungsbarometer, Rangampel, Zugluftdackel und schmückendes Beiwerk.

Die Rute scheint ein Eigenleben zu haben, denn selbst in Bewusstlosigkeit, wenn der Hund schläft, feiert sie ihre persönliche Party. Auch ein schlafender Hund wedelt, wenn die Seele die Ereignisse des Tages verarbeitet.

Die Rute hängt in neutraler Haltung senkrecht vor sich hin. Quasi Abhängen bis zum nächsten Ereignis.
Je aufregender es wird, desto mehr Action kommt in das hintere Ende. Entweder kerzengerade, wie der Holzlöffel in der Buttermilch, oder straff gerollt (Akita) wird die verlängerte Wirbelsäule dazu verwendet, um seinem Gegenüber imponierend zu zeigen, dass man auch als Hund der dickste Karpfen im Teich sein kann.
Natürlich beschränken sich alle Formen der Kommunikation nicht ausschließlich auf die Rute, man muss den ganzen Hund, das Display sehen.

Aber heute geht es um besagtes Körperteil.

Nun steht Schnuffi selbstbewusst in der Einfahrt, hat dem passierenden Hund via Ruten-Morse gezeigt, wer hier der Boss auf dem Hof ist, da nährt sich irgendwas Wuseliges. Was´n das? Wissenschaftlich gesprochen: Hä?

Klein, fusselig, macht indifferente Geräusche und ist angeleint? Während dieser Beobachtungen senkt sich der Schwanz, der Hund ist wachsam, versucht das Objekt zu kategorisieren. Dazu die komischen Geräusche, das soll Bellen sein? Eine Batterie macht eine Hundepuppe eben nur zu einem Roboter und nicht zu einem Lebewesen.

Da sich der Wuffinator nicht von den Signalen des echten Hundes beeindrucken lässt und leicht trudelnd seinen Weg fortsetzt, sieht sich der Vertreter mit Puls zum Rückzug gezwungen. Er klemmt unsicher und ängstlich Rute ein und verdünnisiert sich.
Das Produkt der Spielzeugindustrie schiebt ab und relaxt kann man wieder Posten beziehen.

Das Wedeln ist immer im Kontext zu sehen.
Ein langsames Wedeln mit erhobener Rute imponiert. Eine niedrige Rute kann beschwichtigen, leicht erhoben Unentschlossenheit darstellen. Bei tendenziell gesenkter Rute spielt der Grad der Verwirrung eine Rolle, die genauso in Neugier kippen kann.
Wird aus der Rute ein Scheibenwischer im Monsun und ist eher über dem Steiß, ist Freude garantiert.
Je nach Objekt der Begierde kann da das ganze Heck des Viehs ausbrechen und mitwedeln. Schnuffi läuft auf einen zu und vor lauter Freude bekommen Umstehende die Kniescheiben verdroschen. Das geht soweit, dass sich Dobermänner, Deutsch Kurzhaar, Weimaraner und ähnliche Vertreter bis zur Unheilbarkeit die Rute an Bäumen und Türen anschlagen. Manchmal muss dann amputiert werden, weil es einfach gar nicht mehr heilt.

Steifes, tiefes Wedeln hingegen drückt eine eher depressive Stimmungslage aus, die Hunde sind ängstlich und/oder traurig. Wer das mal gesehen hat, es ist zum Steinerweichen.

Beim Vorgang an sich werden die Duftdrüsen in der Analregion stimuliert. Besonders stark ist das beim Imponieren der Fall. So ist Schwanzwedeln nicht nur visuelle, sondern auch sensorische Kommunikation.
Hunde können positive oder negative Färbungen durch die überwiegende Ausschlagsrichtung sogar mitteilen. Beschwichtigende Hunde wedeln tendenziell linkslastig (negative Emotion). Positive Gefühle, wie Begrüßungen nach langer Abwesenheit, werden eher mit stärkerem Rechtsausschlag quittiert.
Auch hier, es kommt auf den Moment an. Ist es immer eher auf einer Seite, obwohl der Rest des Hundes anders daherkommt, kann es auch an einem Bandscheibenvorfall, Schlaganfall, einer Muskelzerrung oder einem generellen physischen Defizit liegen.

Alle emotionalen Reaktionen des Hundes werden von der Rute und deren Bewegung unterstrichen.
Freude, Erregung, Entspannung, Angst, Langeweile, Unsicherheit, Neugier...es sind kaum Grenzen gesetzt.
Wird dem Hund die Rute genommen oder hat er vielleicht nur eine Kurzversion, ist die Kommunikation um einen wertvollen Part vermindert, dennoch aber genauso möglich.
Man liegt vorm Sofa und entspannt im Kollektiv, hört ein pfffft und dann riecht es irgendwie so...nach Tod und Verwesung. Der Blick vom Sofa fällt auf einen gechillten Hund, der leicht mit dem Schwanz wedelt, zufrieden grunzt und weiterpennt. Das war, trotz Wedeln, kein Giftgasangriff, auch wenn es einem so vorkommt. Entspannung, Freude und ein bisschen ich sch... auf alle.
Wenn die Pupserei vor dem Sofa übrigens überhandnimmt, Schnuffi sich nach dem Ausgasen gleich verpieselt, nervt das nicht nur, das

ist schon frech. Man ruft die Furzkiste einfach an den Ausgangsort wieder zurück. Und wieder abhauen ist nicht!
Sofern die Flatulenz nicht auf Ernährung oder Krankheit zurückzuführen ist, sondern als Mittel der Kommunikation, wird Napalm-Norbert das zeitnah ändern.

Hundehaltung ist, entgegen situativen Brechreizes, schön.

9. Das Wandern ist des Müllers Lust

Ein wunderschöner Tag.... da schnappt man sich den Hund und macht einen ausgedehnten Spaziergang.

Die Vorfreude ist auf beiden Seiten groß, der Mensch freut sich auf einen entspannenden Spaziergang, der Hund freut sich auf einen Streifzug durch das Revier mit seinem Lieblings-Nichthund.

„Wollen wir raus?“ rhetorische, meist animierende, Fragen an den Hund, mit denen man nur die Vorfreude noch ein wenig pusht. Es ist aber auch einfach zu schön.

Die Luft riecht nach Herbst und die Vorboten der ersten Stürme wehen einem den Sommer aus der immer dicker werdenden Jacke.
Über den Berg, durch den Wald und an einer großen Wiese stehen Bänke, um den Blick über die im Tal liegende Stadt zu genießen. Ein Päuschen in Ehren kann niemand verwehren. Und zack ist der Köter weg!
Was soll das denn jetzt? Wir waren doch über eine Stunde unterwegs!

Bevor man nun einen Hals auf den Hund entwickelt, sollte man als höheres Wirbeltier (Mensch) innehalten und überlegen, was da so dermaßen entglitten ist. Der Hund? Der Mensch?

Der Hund lebt sein natürliches Bedürfnis aus, indem er herumstreunen kann, das Revier abläuft, die Nase dabei arbeiten lässt.

Appetenzverhalten ist ein Teil der Erbkoordination, soll heißen: Gucken, was so geht…ist völlig normal.
Appetenz ist eine suchende Aktivität, ein inneres Verlangen (Beute, läufige Hündin, Futter etc.), was der Hund nicht erlernen muss, aber durchaus ausbauen kann.

Nachdem man nun eine geraume Zeit mit Wandern verbracht hat, braucht man eine Pause.
Der Mensch hockt sich auf eine Bank und atmet zufrieden seufzend durch.
Für den Hund kann das bedeuten: der Mensch legt sich auf die Lauer und nimmt Witterung auf. Wie cool, gleich geht es garantiert los!

Während der Zweibeiner die pittoreske Landschaft schätzt, sucht der Hund zu seinen Füßen den ersehnten Schlüsselreiz, denn die Regierung setzt sich bestimmt nicht grundlos an genau die Stelle an den Waldrand. Da geht doch was. Irgendwo muss doch ein appetitliches Karnickel sein.

Ein Schlüsselreiz löst das angeborene Verhalten aus und ist nicht mit einem Schlüsseldienst zu verwechseln.
Dann kommt der große Moment, denn da hinten hat sich doch was bewegt?
Ob Wind im Gras, Nager oder Reh muss sofort untersucht werden (Taxis). Die Nase kriecht in den Wind, damit kein Atom verloren geht.

Der Mensch sieht aus der Peripherie, dass der Hund in eine bestimmte Richtung guckt. Das ist nicht verwerflich, das Tal ist ja auch wirklich wunder-wunderschön.

Nur, das Tal…ist dem Hund egal.

Wieder Bewegung. Nun begrüße ich den heutigen Ehrengast: die Endhandlung.
Der Köter hat sich aus dem Staub gemacht!!
Während sich das Orientieren (Taxis) noch unterbrechen lässt, ist Endhandlung kaum zu unterbrechen.
Außer ein Jäger stoppt den eigenen Hund via Projektil (legal, wegen akuter Wilderei), oder der Mensch hat seinen Hund in der Königsklasse „Abruf unter Ablenkung“ (Bindung und Erziehung) im Griff.

Für die einen ist es ein Spaziergang, für die anderen ein Jagdausflug.

10. Bellen ist nur die halbe Miete …

Ein Hund, der bellt, der macht sich akustisch bemerkbar. Konzentriert man sich jedoch nur auf diese Form der Lautäußerung, dann hat man die Hälfte verpasst.
Eigentlich schade, oder?

Nur, was sind das für Geräusche, die man als Mensch nicht gleich als Kommunikation erkennt?

Sowohl in der Körper- als auch in der Lautsprache kann man feststellen, dass ein Ton nicht ein Ton und eine Körperhaltung keine simple Körperhaltung ist. Man muss alles im individuellen Moment sehen. Ist es Fixieren oder nur Beobachten? Ist das Knurren Spiel oder die tiefgelbe Karte und danach geht es ab?

Der Hund an sich hat durchaus einiges an akustischen Signalen zu bieten. Bellen, Wuffen, Knurren, wer hätte das gedacht? Und gehört haben wir alles schon mal.
Aber wurde es dann auch so wahrgenommen?

Beginnen wir mit einem schnuckeligen WUFF. Das klingt, als ob einem die Kekskrümel im Hals liegen. Ein leichtes Husten, das kurz und recht flach daherkommt, oft von einem echten Bellen gefolgt. Meist erklingt es, wenn jemand Fremdes die Einfahrt runterkommt oder wenn Schnuffi schläft und träumt. Der Hund signalisiert dadurch seine Alarmbereitschaft und die damit einhergehende Aufregung, die als Information andere warnen soll.

Das Wuffen sollte man nicht untersagen, der Hund macht seinen Job und zeigt an, wenn sich jemand außerhalb des Kreises der Gewogenen nährt. Sagt ein kleines Kind zuhause *Wer ist das?* und guckt entsprechend die Einfahrt runter, sagt man auch nicht *Jetzt sei aber mal still*, sondern wirft einen Blick in die gleiche Richtung.

Nähert sich da nun jemand, der dem Hund nicht geheuer ist, dann wird aus Wuffen Knurren.
Die Hauptfunktion des Knurrens ist die gesittete Warnung. Schließlich soll jeder eine Chance zum Rückzug bekommen. Knurren zur Warnung ist Drohverhalten, das in Angriff oder Verteidigung münden kann. Das Level der Warnung wird vom Selbstbewusstsein bestimmt und muss zusammen mit der Körpersprache gelesen werden.

Wenn für den Hund der Spaß vorbei ist, dann stellen sich die Haare auf, der Körper drängt nach vorn und ein Angriff unter Verwendung der Beißerchen ist keine Utopie.
Passiert das jedoch ohne das körperliche Spektakel, knurrt Hundi vielleicht eher aus dem Spiel heraus. Dabei steht Knurren lediglich für das Erregungsniveau, dessen Darlegung gesundes Sozialverhalten des Hundes preisgibt.

Dann gibt es noch die nicht so schönen Laute. Heulen steht da an vorderster Front. Der Kontaktlaut schlechthin, denn Heulen hört man auch über große Distanzen.
Was Sinn macht, denn ein einsamer und verlassener Hund heult. Das ist nicht nur bei Welpen so, auch in der adulten Phase ist Heulen nicht vom Tisch.
Dazu ist es ansteckend...legt einer los, macht der Rest der Gemeinschaft gerne mit. Ein Husky heult nicht gern allein!

„Wenn ich nach Hause komme, heult mein Hund."
Tja, wenn dem so ist, dann kannste auch gleich wieder gehen.
Das ist kein Heulen, das ist eher Jaulen.
Jaulen, Winseln und Fiepen sind Stresslaute. Ob das nun positiver Stress (Eustress) ist oder negativer Stress (Disstress), sei der Situation und den Beteiligten geschuldet.
Es kann sowohl Ausdruck für eine bestimmte Absicht sein (Quengeln, wenn es nicht schnell genug rausgeht), auch eine Form der Beschwichtigung oder die Begrüßung des Menschen, wenn er gefühlt zwei Jahre weg war und dabei nur mittags von der Arbeit kommt.
Stress liegt nie im Auge des Betrachters, sondern im Herz desjenigen, der ihn erlebt.

Und es geht noch lauter. Wenn das jedoch der Fall ist, muss man noch aufmerksamer bezüglich der Basis sein. Ein Hund, der schreit, hat entweder Schmerzen oder Frust (Jagdabbruch).
Ebenso kann er auch schlichtweg überfordert sein. Zu viele fremde Hunde auf einmal sind für einen unsicheren oder schlecht sozialisierten Hund kein Zuckerschlecken. Auch die Wirkung auf das Tier bei Streitigkeiten in der Familie sind nicht zu unterschätzen. Dann noch ein Evergreen, der Tierarztbesuch. Zu guter Letzt kann Schnuffi auch einfach überfordert sein mit der Aufgabe, die sich ihm gerade stellt, die er nicht bewerkstelligen kann und der Mensch drängt ihn noch weiter...denn eigentlich ist es doch einfach.
Solange der Mensch kein Hund ist, kann er nicht eins zu eins wissen, wie es wirklich für den Hund ist.

Am Ende steht noch das Schmatzen. Am einfachsten nachvollziehbar ist das Schmatzen beim Anblick von Genüssen. Da läuft einem das Wasser im Mund zusammen, eine bekannte Redewendung.
Ok, sieht Schnuffi etwas Appetitliches, dann laufen die Schnürsenkel des Speichelsturzes links und rechts aus den Lefzen. Je nach Rasse

braucht man im eigenen Wohnzimmer schon mal Gummistiefel, bis Hasso an die Tafel gebeten wird.
Schmatzen und vielleicht noch etwas auf dem Duft rumkauen... dann ist garantiert etwas Läufiges unterwegs oder Duftstoffe sind besonders interessant und verlangen nach detaillierter Analyse. Bleibt noch das Schmatzen als Signal der Beschwichtigung. Es dient sowohl zur eigenen Beruhigung als auch dazu, den Opponenten runterzufahren.
Ach, und vorm Übergeben wird auch geschmatzt.
Biologisch ist es so, dass die gesteigerte Speichelproduktion die Zähne vor der vorbeischießenden Magensäure schützen soll.
Das ist beim Menschen übrigens auch der Fall.

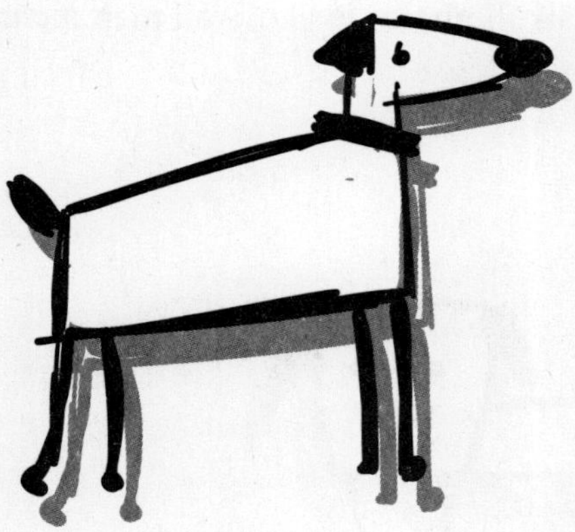

11. Was ist das für eine Rasse?

Sind Mischlinge nur Fehlproduktionen? Macht die Reinrassigkeit erst einen Hund zum Hund?

Ist das schon Fehlverhalten? Ein reinrassiger Hund spielt mit einem Mischling, igitt!
Wenn man sowas liest, fragt man sich echt, in welchem Zeitalter wir leben. Leider ist das kein Scherz, sondern ein tatsächlich gefallener Satz.

Was ist denn nun besser, ein Rassehund oder eine Straßengrabenschönheit?

Bei einem Rassehund weiß man wenigstens, was man hat (so der Volksmund). Schließlich ist er extra so gezüchtet worden. Nur kann man das nicht stumpf pauschalieren.
Auch aus einem Rassehund kann ein Neurotiker werden und nicht jeder Mischling ist ein unkalkulierbares Risiko, weil man nicht weiß, was drin ist.

Was bedeutet denn nun Rasse?
Unter dem Begriff fasst man allgemeine Verhaltenseigenschaften und Leistungsmerkmale zusammen. Diese sind genetisch verwurzelt und treten mehr oder weniger stark in Erscheinung.
Unabhängig von Erziehung und Ausbildung des Hundes.

Beispiel Malinois: ein ausdauernder und abgehärteter Gebrauchshund, der meist überaus sensibel gegenüber dem Halter ist. Belgier sind ein Sinnbild für übersprudelnden Antrieb und verteidigen regulär ohne Rücksicht auf Verluste.
Das ist nur ein minimaler Auszug an Attributen, die man bei der Anschaffung eines Malinois bedenken sollte.

Eine kaum messbare Reizschwelle kombiniert mit solidem Schutztrieb lässt diese Hunde auch in schläfriger Ausführung dennoch Granaten sein. Ein wirklich flottes Getriebe macht es umso wichtiger, dass der Welpe eine ausführliche Sozialisierung und Habituation (Gewöhnung an die Umwelt) erfährt. Somit ist er eher nicht als Familienschnuffi prädestiniert. Aber es ist möglich, wenn man seinen Bedürfnissen (Aufgaben, konsequenter Umgang und so weiter) entspricht und der Mensch sich souverän mit präziser Grunderziehung dem Tier widmet.

Holt man sich einen Malli, weil er sooooo niedlich und aufmerksam ist, dann kann einen diese Entscheidung sprichwörtlich in den eigenen Hintern beißen.
Alles für die eigene Familie zu geben…für den Hund eine Selbstverständlichkeit.
Die Frage ist nur, ob die Familie das auch aushält.

Hunde wurden über ein paar tausend Jahre, basierend auf Leistungen und Verhaltenseigenschaften, den Wünschen des Menschen entsprechend selektiert und dadurch simultan geformt. Anfänglich

war ihr Aussehen die logische Konsequenz und nicht das Bestreben dieser Auswahl.
Berufung, Job und nicht weniger wichtig der Charakter setzten in der menschlich gesteuerten Evolution den Rotstift an, nahmen Einfluss auf das Erscheinungsbild.
Seit über einem Jahrhundert rückt jedoch der Verstand zu Lasten des Auges in den Hintergrund, das Exterieur rückt in den Fokus.
Die Ästhetik, die man gerne um sich haben möchte, sorgt jedoch dafür, dass gesundheitliches Drama oft der Preis ist, den der Hund bezahlen muss. Es geht nicht um den schnöden Mammon beim Tierarzt, sondern um das reduzierte Wohlbefinden des Versuchskaninchens.
Möpse haben ständig den Erstickungstod im Gefühl und schlafen zum Teil nur noch im Sitzen (weil sie liegend gar keine Luft mehr bekommen), wenn ihnen die Nase in den Kopf gezüchtet wurde. Dalmatiner sind taub. Berner Sennenhunde haben Epicondilitis (die Ellbogen sind hin), bei Collies löst sich die Netzhaut ab, Bassets kämpfen mit den Hautmassen, beim Cavalier Spaniel wird der Kopf immer kleiner gezüchtet, damit das Gesicht mehr dem Kindchenschema entspricht.
Sieht süß aus, doch der Hund hat keinen Platz für sein Gehirn, das Hirnwasser staut sich und der Hund hat neurologische Ausfälle und starke Schmerzen.
Aber immerhin sieht er niedlich aus. Ich kauf mir einen Weimaraner…am besten gehe ich mit dem Teppichmuster zum Züchter, damit der Farbton auch stimmt.

An dieser Stelle fällt mir dann immer Max Liebermann ein, der gesagt hat: „Ich kann gar nicht soviel fressen, wie ich kotzen möchte.“

Diese Beispiele betreffen die jeweiligen Rassen exemplarisch und nicht pauschal, jedoch häufen sie sich so, dass man eine bestimmte Art oft auch mit einer bestimmten Krankheit in Verbindung bringt. Es sind nicht alle Hunde betroffen und nicht alle Züchter arbeiten verwerflich. Doch den Begriff Qualzucht gibt es nicht als freie Erfindung.

Ok, dann eben einen Mischling. Die sind ja immer gesund.

Denkste, haste gedacht.

Die canine Kombipackung kann genauso erkranken.
Und wenn alle Krankheitsbilder dominant vererbt werden (es reicht schon ein Elternteil, um die Krankheit weiterzugeben), dann ist er doppelt gestraft. Wird es rezessiv vererbt (beide Elternteile müssen es weitergeben), kann er nochmal Glück haben. So hat ein Schäferhund-Pointer-Mix nicht zwangsläufig eine HD.

Unterm Strich bleibt nun zu sagen:

Egal ob Mischling, Zugelaufener, vom Züchter, aus dem Tierheim, geerbt, Scheidungshund, als Pflegehund oder Service-Vierbeiner… alle Hunde haben die gleichen physischen und psychischen Bedürfnisse.

Geborgenheit, Schutz, Nahrung, Wasser, Essen und Trinken, Obhut und Geborgenheit, Nickerchen, Führung, einen Tagesablauf mit System, Rückzugsmöglichkeiten, eine Aufgabe (oder 2376, wenn es ein Malinois ist), Körperkontakt, Artgenossen, eine Rudelstruktur (auch in der Menschlichen Familie), Anerkennung durch Lob / Mitgenommenwerden / Erfolgserlebnisse et cetera und die Option auf Selbstverwirklichung (Buddeln, Schwimmen, Siesta halten, Rennen und was das pelzige Herz sonst noch so alles begehrt).

Und das Wichtigste, was man nicht kaufen und einfach hinstellen kann, oder leihen und retournieren, oder dem Schnuffi zur Beschäftigung überlassen, damit er nicht die Bude zerlegt, bis man wiederkommt: LIEBE.

Liebe zum Tier bedingt viele Entscheidungen, was man machen kann, nicht machen sollte oder selber auch nicht erleben möchte. Wenn man mit seinem Vierbeiner theoretisch den Platz tauschen kann und nichts befürchten muss, dann stehen die Weichen schon recht gut.

Ein Hund hat durchschnittlich den Intellekt eines dreijährigen Kindes. Damit kann man arbeiten.

Damit kann man ein erfülltes Leben gestalten und teilen.

12. Ellie

Nun ist die Lütte ein halbes Jahr bei uns, Zeit für ein erstes Resümee.

Mit achtzehn Kilo und einer nicht zu verkennenden Niedlichkeit kam der kleine Berserker bei uns an.
Frisch aus der Quarantäne, als Gruß aus Palermo, kullerte die kleine Sizilianerin mit ihren beiden Brüdern vor meine Füße, als ich im Tierheim zum Training war.

Nachdem das Adoptionsprozedere abgeschlossen war, holten wir das vierte Quietsch-Girl zu uns nach Hause.
Am Anfang hatten wir den Verdacht, sie sei überwiegend mit Meisenknödeln ernährt worden, denn sie zwitscherte den ganzen Tag wegen nichts und wieder nichts.
Nicht vor Freude, sondern vor Stress.
Hunde kannte sie, alles andere überhaupt nicht.
So gar nicht.

Mülltonnen, Fernseher, Menschen in diversen Größen und Alterungen waren generell keine gute Idee, eine zufallende Tür, Autos… alles verpasst. Man geht in ein anderes Stockwerk, kommt wieder und wird gestellt, als wäre man ein Massakerkandidat.

Als vierte im Rudel war sie sehr an der Überlebensstrategie der anderen interessiert und schaute sich viel von deren Aktionen und Reaktionen im Alltag ab.
Schön, wenn die Untertanen in der Spur laufen.

Allerdings heißt es nicht, dass man auf Platz vier bleiben muss… jeder Tag ist genau richtig, um an die Weltherrschaft zu gelangen. So der Plan. Suboptimal nur, wenn im Hofstaat niemand von diesem Plan begeistert ist. Allen voran die Chefin, Verfechterin einer wohlwollenden Diktatur.

Am Anfang fraß Ellie alles und immer in Vollspeed. Was die anderen liegen ließen, wurde von ihr gleich fachmännisch entsorgt. Problematik dieser Druckbetankung ist, oft von Mallorca-Klischee-Touristen bekannt, man retourniert alles im Strahl drei Minuten später auf den Teppich.
Die Fliesen sind ja auch so weit weg, neben dem Teppich.

Nach zwei Monaten geordnetem Chaos kehrte ein wenig Ruhe in den Hund ein, denn so lange brauchte sie, um stubenrein zu werden. Vorher waren wir zum Teil sechs Mal pro Nacht im Garten, denn jedes Mal, wenn sie durch einen nicht existierenden Startschuss wach wurde, musste sie raus.
So ist das eben mit traumatisierten Lebewesen, da gibt es keinen detaillierten Ablauf. Man passt sich an und nimmt, was einem der Flohzirkus anbietet.

Nachdem Ellie sich immer mehr zum Rudel gehörig fühlte, kamen ihre Gene durch die Unsicherheit durch.
Die Mama war ein Kangal (Information des Tierheims: Die Hündin lag plattgefahren an der Straße, die Welpen waren um sie herum) und man sieht der Kurzen dieses Erbe nicht nur an.
Sie benimmt sich auch so: ein Herdenschutzhund mit Dosierungsschwierigkeiten.
Defensive Abwehr liegt ihr im Blut und wenn sie sich an einen vermeintlichen Eindringling macht…sieht das schon spektakulär aus.

Der Postbote meinte mal, dass sie doch nur spielen wolle.
Jupp, mit seinen Eingeweiden!

Sie erkundet alles mittlerweile mit mehr Neugier als Muffe, untersucht mit dem ganzen Körper. So dengelt sie sich mit der Birne durchs Mobiliar wie eine Flipperkugel. Im Sternzeichen Abrissbirne und im Aszendent Vollkontakt.
Es kann nicht jeder Gefäßchirurg werden.

Und dann kommen die sanften Phasen, in denen geschmust wird, bis es kahle Stellen gibt. In tiefer Zuneigung wird man bis auf die Knochen abgeleckt und zärtlich zerquetscht einem der imposante Fang die Extremitäten.
Beißhemmung muss man lernen. Nun habe ich von ihrer vergeigten Impulskontrolle die Unterarme blau. Aber es wird besser.

Sensibel und sanft, gepaart mit „komm her, du feiger Sack, und bring am besten noch einen mit, du halbe Portion!!! Ich mach dich kalt, du nichtsnutziger Pinsel, der nächste Atemzug ist garantiert dein letzter!!!"

Sie fühlt sich nun sicher genug, um Forderungen zu stellen. Wird dieser oft minderhöflich gestellten Anfrage nicht nachgegeben, fängt sie das missgestimmte Sabbeln an. Vielleicht ist doch eine Siamkatze mit drin?
Klappt das auch nicht, wird eben etwas umgebracht. Vorzugsweise Teddybären, die gucken einen eh den ganzen Tag so blöd-dreist an, dass sie per se einen aufs Maul verdient haben (Guggs du misch an odda woas! Brauchsdd du auf ti Fressä…kom häa, isch gebb dia… midd Nachschlag zum zweiten Schaitll).

Was macht es da, dass der Steiff-Teddy 35 Jahre geschafft hat, die Ellie kam und es blieb ein requiesce in pacem.

Was ist noch auf der Opfer-Liste:

- Steckdosen, gerne mit und ohne Strom
- Schuhe, deren Design einen Touch von Vintage bekamen
- Kopfkissen, Stichwort: Frau Holle
- Sennheiser In-Ear-Bausatz für Liebhaber von abendfüllenden Friemeleien ohne produktives Resultat
- eine komplette Tube Wundheilsalbe, von der nur der Deckel und das Gewinde überblieb, der Rest wurde gefressen (die Tube war aus Alu und das Schmiermittel quasi dabei)
- eine Knirschschiene frisch unter dem Kopfkissen wegstibitzt und postwendend zerlegt
- Belüftungslöcher für den Hundeteppich
- ne Tube Handcreme
- eine Fernbedienung mit folgendem Kacke-Sudoku usw.

So ist das eben, wenn man sich häuslich einrichtet und eine Frustrationskontrolle von null bis minus drei hat.

Wichtig ist nur, den mittlerweile 28-Kilo-Mörser deswegen nicht zu schimpfen. Sie macht es nicht vorsätzlich, sie macht es, weil sie nicht weiß, wohin mit ihrer Energie, wenn im Oberstübchen mal wieder Licht an, aber keiner zuhause ist.

Neben dieser Housewarming-Zeit lernt sie auch die Dinge, die sie für ihren Wohnberechtigungsschein benötigt.
Sitz, Platz, Komm, Nein, Voran, Warte, Zurück, Bleib, Schluss, Matte, Runter, Hopp, Treppe, Auto in den jeweiligen Abstufungen (Ampelsystem).

Das Ziel ist eine Strukturierung des Alltages auf energetisch niedrigem Level, überwiegend durch Körpersprache und häufigem Lob. Durch Lob lässt sich ein Hund am besten lenken.

Da ist es praktisch, dass man Lob immer dabeihaben kann.

Das Ungestüme an ihr ist dem jugendlichen Leichtsinn und der wachsenden Freude am neuen Leben geschuldet.
Was wunderbar ist. Meistens.

Manchmal übertreibt sie es ein wenig und gibt dem nicht kooperierenden Estrich die ein oder andere Kopfnuss, weil der sich erdreistet, beim Spiel im Weg zu sein und sich dennoch feige hinter den Fliesen zu versteckt.

Dann guckt die Physio drüber, richtet die Schädelplatten, damit die Augen wieder nebeneinander sind und nicht das linke eingedötscht und abgesenkt ist, popelt die Rippe zurück, macht das ISG wieder flott und bastelt die Schulter zurecht. Egal was Ellie macht, es hat den Hang zu MMA.

Aber wir sagen Bud Spencers kleiner Schwester nicht, was Schlimmes passieren kann.
Wir zeigen ihr, wie schön es sein kann, wenn man ein bisschen mitmacht, wenn man seinen Beitrag zum Sozialgefüge leistet. Denn sie hat nun eine Wahl.

Entweder ist mein Handlungsvorschlag für den kleinen Karussellbremser akzeptabel – oder eben nicht.

Man darf nur didaktisch nicht auf Notstrom laufen.
Wenn der erste Erklärungsversuch in Unverständnis verpufft ist, wählt man einen anderen Ansatz.
Es braucht nur Zeit, Nerven und Liebe.
Nicht mehr, nicht weniger.

Dann öffnet sich der Hund, man wird ein Team und kann schmunzelnd genießen, wenn sie die Denkmurmel in der Tränke versenkt und mit Begeisterung feststellt, dass es blubbert, wenn man unter Wasser ausatmet.

13. Wie kommt die Info in den Schädel...

Lernen ist eine relativ beständige Änderung des Verhaltens durch gemachte Erfahrungen.

Ohne Lernen kann sich kein Lebewesen an seine Umwelt anpassen. Das heißt, wenn ich auf Gedeih und Verderb meinen Stiefel durchziehe, kann es sein, dass mein Umfeld mir den Rücken kehrt – oder meine Interpretation der Weltherrschaft akzeptiert.
Oder ich groove mich auf meine Gang ein und lebe glücklich in meinem Sozialverband.

Man lernt immer, in variierenden Tempi, und es ist definitiv von der Tagesform abhängig.
Wenn man keinen Bock auf Rasenmähen hat, kriegt man das trotzdem hin, denn es ist eine Tätigkeit.

Aber schon mal Vokabeln gelernt, wenn man bereits motivationsbefreit das Buch in die Hand nimmt?
Noch besser: Du darfst erst X, wenn du Y gelernt hast.
Aber Y ist so gar nicht meins, ich will lieber X...
Dann denkt man nur an X und Y ist lediglich die störende Barriere.
Das wird kein vielversprechender Nachmittag.
Aber ein langer.

Die Individualität des Hundes ist Taktgeber für die Art des Lernens. Manche lernen durch aktives Einbinden in den Vorgang, manche durch Versuch und Irrtum, andere lernen besser durch Beobachten.

Bei manchen hat man auch den Eindruck, sie lernen gar nichts. Auch Lernen muss man lernen dürfen. Wird jeder Versuch, sein Wissen zu erweitern oder am Geschehen teilzunehmen geblockt, wird man unsicher. Traut sich nicht mehr, weil man ja sowieso gleich wieder einen Schuss vor den Bug bekommt. Dann lasse ich es lieber gleich. Das Ergebnis ist die erlernte Hilflosigkeit.

Oberste Prämisse ist eine stressfreie Umgebung und eine positive Einstellung zum Hund. Ungünstige Lernsituationen blockieren nur, erzeugen Stress bei allen und das eigentliche Ziel rückt in weite Ferne.

Aber, was sind denn nun Hindernisse, wenn man etwas Neues akquirieren will?

- unbeachtete Begehren (Hunger, Durst, Morpheus Arme) – ohne Mampf, keinen Kampf!
- Angst und/oder defizitäres Sicherheitsempfinden
- die Überforderung des Moments
- die Erwartungshaltung des Zwei- an den Vierbeiner als Basis für Stress
- Übermotivation als Fehler- und auch Unfallquelle
- vorherige Griffe ins Klo (wenn das Training ohne Erfolgserlebnis beendet wurde), denn Frust killt Lust
- unproduktive Lernmethoden wie Bestrafung
- das Setting ist unangebracht
- physische Hemmnisse

...das hört ja gar nicht mehr auf!

Wie es nicht geht, ist nun bekannt.
Das hilft aber nicht wirklich.
Und nun!?

Am Anfang, und danach kommt eine ganze Weile nichts, steht der respektvolle Umgang mit dem Gehirn-Azubi.
Die Individualität muss fair unterstützt werden.
Das bedeutet auch, dass Hundi nicht mit Druck in einen Verhaltensrahmen gestopft wird und der bis zum Lebensende Gültigkeit besitzt.

Eine ausgewogene Kommunikation ist das A und O, um das erwünschte Verhalten nachhaltig zu lernen (Kommunikation ist gegenseitiges Wahrnehmen und Austauschen). Durch das Lesen des Hundes kann man das eigene Handeln adäquat und nicht monoperspektivisch gestalten.

Was bringt es mir, wenn ich weiß, wie es geht, aber Schnuffi keine Ahnung hat, was ich von ihm will?

Man versteht nicht besser, egal welche Lebensform, wenn man das Kommando in der gleichen Form bringt, die vorher schon nicht funktioniert hat, diesmal aber zum besseren Verständnis brüllt wie auf der Großbaustelle?

Auch Silbentrennung mit Konsonantenaddition (komm...kohohommm..kommikommikommi....kokokokokommmmm) ist mehr publikumsunterhaltend denn sinnvoll.

Alles, was das vorhandene Konstrukt zwischen Mensch und Hund schädigt, ist Tabu. Ist die Bindung noch nicht so prall, ist PLATZ und vom Hund entfernen nicht sinnvoll. Der Hund ist sich nicht sicher, dass der Halter die richtige Entscheidung traf, ihn allein zu lassen.
Das nicht ausgereifte Vertrauen in die Entscheidung des Menschen zwingt den Hund selbsterhaltend zu handeln. Also gibt er Hackengas und strebt zu seinem Dosenöffner.

Der Zweibeiner sieht nur, dass der Hund nicht liegen bleibt, obwohl es ihm befohlen wurde. Also ist man nöckelig wegen der ignorierten Anordnung und ranzt den „blöden Köter" an, der nicht macht, was er soll.
Liegenbleiben kann ja wohl nicht so schwer sein. Der Hund sucht Schutz, rennt zum Halter und der macht ihn dafür zur Minna. Wieder was gelernt.
Der Mensch lernt: nur zuhause kann er es so, wie ich es von ihm will.
Der Hund lernt: Wenn ich mir nicht sicher bin, dann gibt es auch noch Mecker.

Für beide Säugetiere war der Trainingserfolg nicht zufriedenstellend und somit wird mit Frust die Sequenz beendet. Da freut man sich nicht so sehr auf die nächste Lernsituation.

Wäre der Halter objektiv, so wäre ihm aufgefallen, dass der Ablageort eventuell zu sehr einem Präsentierteller gleicht, oder ein passierendes Fahrrad mit Geklingel den Hund aufschreckte, oder eine Tür laut zufiel, oder Hundi noch dringend auf den Lokus musste (weil man dummerweise gleich mit dem Üben angefangen hat), oder der Ablageort an der Grundstücksgrenze zum Kontrahenten ist, oder Hundi ist einfach total erledigt ist und sich nicht konzentrieren kann, oder er hat sich eben die Plauze vollgestopft und möchte lieber verdauen, oder er kann PLATZ noch nicht richtig, oder BLEIB wurde mit dem falschen Handzeichen gegeben, oder, oder, oder.

Der Mensch sieht meist nur das umzusetzende Kommando, der Hund sieht/riecht/schmeckt die Umwelt und hat das Kommando als Add-on.

Es geht jedoch nicht darum, nur für die negativen Dinge einen Blick zu haben.
Der Fokus beim Lernen liegt auf dem, was ich erreichen möchte, nicht auf dem, was alles schief gehen kann.

Die negativen Aspekte sind zwar im Hinterkopf (kalkulierbare Risiken), das positive Ziel ist jedoch übergeordnet.

Das positive Ziel auf positivem Weg. In kleinsten Schritten. Und jeder Schritt ist von Erfolg gekrönt, wenn man ihm die Gelegenheit dazu gibt.

Lernen ist nur unter optimaler Lernatmosphäre optimal. Nur was ist optimal, wenn man sich außerhalb seiner Wohlfühlgarnitur bewegt?

Unterm Strich bleibt: Gelernt wird immer, nur Qualität und Quantität lassen sich beeinflussen.

Jede Handlung, die negativ auf die Vertrauensbasis wirkt oder das intrinsische Bedürfnis nach Sicherheit und körperlicher Unversehrtheit nicht erfüllt, hat in einem Erziehungskonzept nichts verloren.

Wenn ich mit meinem Hund etwas übe, sind die Grundbedürfnisse befriedigt und alle Füllstände von Magen, Darm, Blase und Konzentration befinden sich im entsprechend grünen Bereich.
Die Umgebung ist dem Thema angepasst.

Fremdes wird zuhause im Lieblingszimmer erstmalig erlebt, Bekanntes bei steigenden Umweltreizen gefestigt. Die eigene Motivation und Toleranz gegenüber dem Eleven stehen auf Maximum und ich habe selber Bock.
Das ist unabdingbar. Wenn ich nur halbherzig dabei bin, nimmt der Hund das via Stimmungsübertragung natürlich wahr. Hat selber dann nicht wirklich Lust zum Projekt, ist nicht bei der Sache, macht Fehler und kriegt dafür negatives Feedback.

Die Laune sinkt weiter, bei beiden. Der Frust bekommt Rückenwind und damit wurde das Ticket für die Abwärtsspirale gezogen.

Selbst keine Verbesserung bei einer Übung ist als Gewinn zu sehen, wenn sie genauso gut durchgeführt wurde wie beim letzten Mal. Das Stichwort ist Generalisierung. Die sorgt dafür, dass Wissen verankert wird und auch zuverlässig abrufbar ist. Selbst nach langen Pausen.

14. Meine Güte, so schwer isses doch nicht!

...sagt der, der es kann.
Der es nicht kann, schwitzt Blut und Wasser.

Warum macht der Hund kein SITZ, obwohl es zuhause fluppt? Das macht der doch nur, um mich zu ärgern!
Sowohl ein egozentrischer als auch dissozialer Ansatz.

Anstatt sich über ein nicht ausgeführtes Kommando stumpf zu ärgern, den Hund dafür am Ende sogar noch anzumotzen, sollte man als Halter lieber darüber sinnieren, warum es nicht funktioniert hat. Konstruktive Kritik am eigenen Handeln soll ja Fortschritte bringen.

Was ist anders als sonst, wenn er Sitz machen soll?
Hab ich das Puschelchen in einer Lache abgesetzt?
Ist die Straße zu laut?
Ist der Boden eben/anders oder nicht (Baumstämme etc.)?
Tut ihm etwas weh?
Läuft in der Peripherie Ablenkung rum?
Kommt da jemand, von dem er sonst Leckerli kassiert?
War mein Handzeichen richtig und sauber gegeben?
War die Stimme eher Kasernenhof bei schlechtem Wetter?
War ich aufmerksam genug?
War ich unverhältnismäßig laut/drohend?
Frieren ihm die Testikel an der Eispfütze fest?
Ist das Leckerli schon in der anderen Hand und somit interessanter als ich (dann ist definitiv noch eine Menge Arbeit zu leisten, wenn man gegen einen unbelebten Gegenstand verliert)?

So kann es munter weitergehen…

Der Hund an sich lernt am zuverlässigsten über Nachahmung. Andere Methoden funktionieren ebenfalls, sind jedoch nicht so organisch. Vor 14.000 Jahren, als Mensch und Hund ihre erfolgreiche Liaison eingingen, ist auch niemand mit einem glühenden Clicker durch die Wälder gerannt, um via Belohnungsmorse den Kulturfolger zu steuern.

Lernen durch Nachahmung ist den meisten schon in die Wurfkuhle gelegt (Ausnahme: das Deprivationssyndrom zum Beispiel).

Nachahmung findet in sozialen Beziehungen statt, ebenso bei sozialer Anregung. Als Rudeltiere orientieren sich Hunde gerne an Artgenossen. Die sind da und leben, also haben sie mit ihrer Strategie Erfolg gehabt…ergo macht es Sinn, davon etwas in das eigene Verhalten aufzunehmen.

Soziales Lernen findet meist in Verknüpfung zu Nahrungsquellen statt. Auch so ein Ding von früher. Alles, was mir den Bauch nicht füllt, verschwendet nur Kalorien bei dessen Akquise.

Alles, wovon ich keinen Profit habe, lohnt sich nicht.
Ich kenne wenige, eher keine Menschen, die zur Arbeit gehen, weil sie ihren Chef so toll finden.
Die meisten gehen da hin, weil es am Ende Kohle gibt = Belohnung.

Zwischen der 4.-16. Woche, in der sensiblen Phase, ist die Keimzelle der Sozialisierung.
Erfahrungen haben dann besonders einen immensen Einfluss auf die Entwicklung des Hundes. Mehr als irgendwann anders in seinem Leben. Da lohnt es sich, die Grundstücksgrenze täglich abzulaufen,

damit der Kleine lernt, wo auch ohne Zaun finito ist. Das ist keine Arbeit, das ist artübergreifende Nachahmung.
Allerdings auch keine Garantie, dass er nie ausbüchst. Aber die Wahrscheinlichkeit verringert sich erheblich und so kann man einen Trainingserfolg haben, ohne dass es wie Arbeit wirkt.

Nach 16 Wochen Hundeleben sind allerdings nur die Werkseinstellungen optimiert. Dranbleiben ist die Devise. Was man lernt, kann man schließlich wieder verlernen. Wer spricht noch so gut Englisch wie damals in der zehnten Klasse, wenn er seitdem keine englisch geführte Unterhaltung hatte?

Die Sozialisierungsphase beinhaltet nicht nur Hunde mit Hunden, sondern auch Hunde mit anderen Tieren/Menschen zu konfrontieren. Man lernt voneinander. Wenn der Hund fiept, muss er wahrscheinlich raus. Hat er letztes Mal auch gemacht, bevor er mir die Bude vollgestrullt hat.

So steht der Mensch auf und lässt Hundi kurz in den Garten. Hundi lernt jedoch, wenn ich fiepe, macht mir mein Mensch die Tür auf und ich kann in den Garten (der Garten ist dann die Belohnung für das Fiepen).
Das Wetter ist mistig, nass werden doof, also bleibt der Vierbeiner von sich aus lieber drin. So kann man schon einige Zeit an der Tür verbringen, ohne außer Lüften viel zu erreichen.
Wenn man nun nicht zum Pagen des eigenen Untertans werden möchte, nimmt man sich beim mehrmalig urinfreien Fiepen eine Leine (zwei Meter reichen völlig) und stellt sich mit Hundi an die Rasenkante.
Bis er es offensichtlich müßig findet und wieder rein will. Dann wartet man noch ein bisserl und macht sich später freundlich wieder auf den Weg ins Haus.

Zeit für die Notdurft gab es. Durch die Pampa nach eigenem Gusto strawanzen...wenn Menschi das will gerne, wenn Hundi das will... da wären wir wieder beim Lüftungsmanagement.

Eine umfangreiche Sozialisierung beinhaltet immer ein ausgiebiges Kennenlernen einer möglichst diversen Umwelt.
Nach zigfacher Wiederholung, bei Kommandos schimpft sich das Generalisierung, ist der Vorgang an sich abgespeichert und zuverlässig einzufordern.

Nach ebenso häufiger Wiederholung mit der unbelebten Umwelt, da heißt es dann Habituation, hat der Eleve gelernt, eine bestimmte oder auch keine Reaktion zu zeigen.
Oh nein, er hat es verlernt! Dabei soll er doch etwas lernen.
Auch verlernen ist lernen. Quasi Minuslernen.
Wie Minusgeld auf der Bank.
Der Klassiker, es klingelt und hinter der Haustür geht der Punk ab. Und durch den Briefschlitz gesteckte Post...wer weiß, was da noch kommt? Also töte ich die Post und alle Nachkommenden sehen, dass hier nix zu machen ist.
Der Postbote kommt, der Hund spult sein Abwehrprogramm ab. Der Retroemailüberbringer schmeißt das Altpapier rein und geht zum nächsten Haus.

Für den Hund sieht es jedoch so aus, als ob er den Eindringling wacker in die Flucht geschlagen hat. Vielleicht hilfreich, wenn man eine Rechnung nicht bezahlen will, aber auf Dauer ein echtes Problem.
Ein Problem, was über Bindung, Training und Nachhaltigkeit aus der Welt geschafft werden kann. Dann klingelt es, man hört nichts und wenn der Besuch reinkommt, steht da cool der beste Wachdienst, den es gibt.

Je stärker der Reiz auftritt, desto mühsamer ist es und desto länger braucht es, die Reaktion auf diesen zu verlernen.

Lernen ist ein Prozess und sollte das ganze Leben stattfinden. Durch gemeinsames Lernen festigt man nicht nur die Bindung und verbringt Zeit zusammen. Man bekommt eine reflektierte Sicht auf das Geschehen, wird ruhig und muss sich vor Unbekanntem weniger fürchten, denn das Unbekannte wird immer weniger.
Mit der Zeit entsteht ein entspanntes Team aus Mensch und Hund, das sich aufeinander verlassen kann und weiß, wie der andere tickt.

Dann ist es einfach schön.

15. Angriff der Kinder!

Das hat sich bestimmt schon jeder Hund mal gedacht, wenn die quietschenden Mini-Menschen auf ihn zugestürmt sind, weil er sooo flauschig aussieht.
Je kleiner, desto wackliger sind sie auf den Beinen, je größer, desto ungebremster nähern sie sich dem animierten Kuscheltier.

Leider birgt dieses Verhalten öfter Raum für Fehlinterpretationen, sowohl bei Zwei- als auch bei Vierbeinern.

Man liegt träge auf dem Boden und verdaut dösend, da kommt der Nachwuchs und springt auf dem Landseer (fünfzig Kilo und eigentlich pazifistisch) rum. Schluss mit Nickerchen und auch Schluss mit lustig. Erzählt jedoch ein ungeübter Hund dem Kind, wie er das findet…hat sich aus Menschensicht der Hund meist danebenbenommen. Wird das Kind dabei, wie auch immer verletzt, ist das für den Hund schnell eine Kopf-ab-Nummer.

Deswegen gibt es nun ein paar Handlungsempfehlungen, wie man beide Spezies verbinden kann, ohne dass eine von beiden ins Hintertreffen (auf die Speisekarte oder ins Tierheim) gerät.

Mit ein paar Regeln, die für Eltern und Kinder umsetzbar sind, kann das Zusammenleben gewinnbringend sein und simultan das Unfallrisiko zuverlässig minimiert werden:
Kinder sind in Hundeaugen eher Beute als Sozialpartner. Sie haben quietschige Stimmen, laufen in jüngerem Stadium wie angefahrenes Wild und kommen insgesamt eher knubbelig und kompakt daher, sind nicht so groß wie Erwachsene.

Da kann man schon mal durcheinanderkommen, wenn ein 22-monatiger Menschenwelpe durch den Stadtpark damelt. In Gegenwart von Hunden sollten Kinder nicht wegrennen, denn das weckt den Jagdinstinkt. Ruhig stehenbleiben ist die Devise.

Wenn man nun so ruhig wie möglich steht und auf einen Erwachsenen oder den Halter wartet, den Blick nicht direkt in die Augen des Hundes wenden. Vielleicht sogar noch vor Angst starren... das könnte vom Hund missverstanden werden. Ein unsicherer Hund fühlt sich bedroht, ein anderer vielleicht aufgefordert, dem vermeintlich Fixierenden ein Ende zu setzen. Egal welche Variante, es geht auf jeden Fall ungünstig für den Steuerzahler der Zukunft aus.
Prinzipiell gilt, dass sich Kinder nie ohne den Halter einem Hund nähern sollten.

Und es ist auch nicht ok, nach der Erlaubnis des Halters zu fragen, ob man den Schnuffi streicheln darf, während das Kind schon eine Bestandsaufnahme macht und simultan mit proktologischem Engagement guckt, ob und wie fest die Rute angewachsen ist.

Man soll keine schlafenden Hunde wecken, das Sprichwort gibt es nicht umsonst.
Der Hund liegt auf der Seite und pennt, da kann man doch leise inspizieren, wie groß die Zähne wirklich sind... und schwups, ist der Arm bis zum Ellbogen im Hund versenkt.

Was auch gerne mal passiert, der Vor- und Nachteil des Rassestandards, ein Hund ist ein Hund ist ein Hund.

Wie soll man im Kindergartenalter den Unterschied machen, wenn einem beim Bummel in der Stadt der achte Labrador, der fünfte

Dackel oder zwölfte Golden Retriever begegnet. Warten, ob das Halsband ein anderes ist?
Kinder müssen lernen, dass jeder Hund ein anderer Hund ist. Zwillinge werden auch als Individuen behandelt, warum sollte man das nicht bei optisch uniformen Rassen auch machen? So wild ist das nicht?

Ok, dann abstrahiere ich mal: Wenn man in einer Beziehung ist und statt des abgöttisch geliebten Partners einfach ein Vertreter entsprechenden Geschlechtes auf der Matte steht, dann wird der Austausch-Partner vermutlich auch nicht gleich mit ins Schlafzimmer geladen. Falls er überhaupt zur Tür reingelassen wird.

Ein weiteres Problem ist das Spiel mit dem Hund.
Den Ball werfen oder Zergeln ist immer super. Schnappt ein Hund übermotiviert nach dem Ball und erwischt den Ärmel, wird gequiekt und der Ärmel weggezogen. Beim Wegziehen fasst der Hund, als Beutegreifer völlig selbstverständlich, nach und dann ist so eine kleine Hand auch gerne mal ab.
Es gibt Verletzungen, es wird geheult und sieh mal einer an, da sind wir wieder bei der zweibeinigen Beute.
Kinder dürfen und sollen mit Hunden spielen, jedoch nicht allein und nicht zu nah am gefährlichen Ende. Der Ball kann geworfen werden, nachdem ein Erwachsener ihn übergeben hat, in Entfernung zum Hund.

Am Ende bleibt noch der fressende Hund. Die Nahrungsaufnahme ist immer ein besonderes Kapitel, denn bei lebenswichtigen Punkten im Tagesablauf kann der Spaß schneller vorbei sein, als das Elternauge es sieht.
Hunde müssen in Ruhe fressen dürfen. Sieht man einen Hund draußen, der sich vielleicht die Reste unter einer Mülltonne reinkloppt, ist das kein guter Moment, um ihn zu streicheln.

Auch wenn es praktisch erscheint, denn der Kopf mit den rabiaten Zähnen steckt ja in einer zu plündernden Tüte. Der Lütte geht hin und strubbelt dem Tier durch das Fell, der Hund dreht sich um und freut sich über den Nachtisch.

Weder sind alle Hunde wild, untrainiert oder kinderfeindlich, noch sind alle Hunde kindertauglich.

Es liegt in der Verantwortung der Erwachsenen, Kinder rechtzeitig im Umgang zu schulen. Selbst ohne eigene Flohkiste.

Man trifft eigentlich immer Hunde im Freilauf, an der langen Leine, mit unachtsamen Haltern oder einfach mal einen Streuner. Und auf die Strategen, die aus fünfzig Meter Entfernung brüllen, dass der Hund nur spielen will, ist nicht wirklich Verlass.

Im Gegenzug obliegt es dem Halter, das eigene Tier vorausschauend zu führen und nicht auf Gedeih und Verderb ohne Leine laufen zu lassen (mein Hund braucht keine Leine!), um sich zu profilieren, was er selber und das eigene Tier kann.

Es ist kein Wettkampf, wer welchen Schutzbefohlenen besser im Griff hat.

Es ist eine Einstellung für eine verträgliche und sichere Koexistenz verschiedener Spezies.

16. Was bist du denn?!

Ein Hund…ist ein Hund…ist ein Hund…und dennoch gibt es Unterschiede!

Wachhunde (zum Beispiel Rottweiler, Dobermänner) sind in ihrer Bewegungsfreude im Mittelfeld und rennen nicht unbedingt sofort, wenn der Ball fliegt.
Sie sind aufmerksames Publikum, was sich in reaktionsbereitem Wach- und Schutzverhalten widerspiegelt. Sie können *Stellen und Verbellen* von *Ich bring dich um, du Opfer!* trennen und schützen tendenziell befehls- oder sportmäßig kontrolliert.
Sie bleiben gern an ihrem Ort und haben im Normalfall eine mittlere bis hohe Reizschwelle. Es dauert, bis sie ausflippen, aber sie tun es. Gewiss.

Malocher (Schäferhundrassen, Terrier und Jagdgebrauchshunde) sind mit einem Fingerschnipser zu motivieren und lernfreudig bis hin zu arbeitssüchtig. Die Macher, denn Zuschauer sein ist igitt-igitt-baba, sind unverdrossene Bewegungsfanatiker. Ihr Arsenal ist auf Verteidigung ausgelegt, nicht auf Angriff. Kooperativ und an der Gemeinschaft orientiert sind sie in der Regel angenehme Gruppenmitglieder und hörbare Bewegungsmelder. Vor- und Nachteil eines gelenkigen Oberstübchens ist, wenn sie nicht körperlich und geistig beschäftigt werden, machen sie das eben selber.
Dann beißen einen die Eigenschaften, die man als Mensch als Auswahlkriterium gut fand, auch in die eigenen vier Buchstaben.

Hetzer (wie Galgo, Greyhound) sind zuhause weichgespült und unaufgeregt. Sie brauchen Sprints und Bewegung en masse. Die körperliche Arbeit ist ihr Ding, so wird ein Umstellen auf reine

Kopfarbeit aufwändig und schwierig. Denn was ersetzt eine sichtorientierte Hatz am besten? Da ist der Schnüffelteppich raus.
Das Schutzverhalten ist eher leidenschaftslos, bei Ressourcen sieht das schon anders aus.
Erst rennt man wie ein Bekloppter hinter dem Vogel her und dann auch noch was davon abgeben? Nix da.
Leider werden ihnen oft Sturheit, Faulheit und ein Intelligenzdefizit unterstellt. Es ist jedoch ein Zeichen von Intelligenz, wenn man das macht, was man will. Sachen machen, die man nicht will, schaden nur der Psyche. Katzen sind nicht dafür bekannt, dass sie stundenlang in der Badewanne sitzen und warmes Wasser nachlaufen lassen.

Dann sind da noch die Beschützer. Trifft man einen Molosser, einen Herdenschutzhund oder ähnliche Vertreter in gewohnter Umgebung, sind sie entspaaaaannt und gelassen. „Wenn du was willst, musst du schon kommen", ist der Tonus.
Diese mitunter sehr territorial veranlagten Hunde zeigen nur wenig Interesse an der Jagd und ihre Reaktivität… man muss zwar kein EKG schreiben, doch eine gewisse Grundruhe ist immanent.

Da kann man als Mensch mit unlauteren Absichten denken, wenn man dort einsteigen würde, um etwas wegzufinden oder das ein oder andere Schaf aus der Herde zu mopsen, sei das eine famose Idee, dann liegt man nicht wirklich richtig.

Dann ist Polen offen, herzlich willkommen zum persönlichen Super-GAU. Die Angriffsbereitschaft im oberen Bereich, gepaart mit ausgeprägtem Schutzverhalten, kann das Outfit irreversibel vernichten.

Vertreter diese Gruppe sind eher Observierer und Nachahmungslerner. Man denkt lieber sorgfältig darüber nach, ob das Geforderte Sinn macht, statt in blindem Aktionismus einer Weisung zu folgen.

Spiel- und Apportierfreude…haben sie entfernt mal was von gehört. Das reicht aber auch. Introvertiert, eher ein wenig unflexibel und ihrem irgendwann erstellten Konzept treu, kommen sie wunderbar durchs Leben.
Zur Not sitzt man eine schwierige Situation eben aus. Schon mal einen Hovawart bewegt, der keinen Bock oder gar den Rückwärtsgang eingelegt hat?
An fremden Orten reagieren Beschützer eher misstrauisch und distanziert, sind weniger belastbar und auch mal überfordert. Sie sind in Alarmbereitschaft, denn in fremder Gegend gibt es auch unbekannte Gefahren für den zu Schützenden.

Was gibt es noch? Wer mal einen von diesem Typ hatte, oder auch hat, wird es mir vermutlich unterschreiben. Ein Terrier ist eine Nummer für sich. Dazu gehören kleine Terrier, Dackel, Spitze…
Ein Typus, der am Widerstand wächst!
Je mehr sich die Beute wehrt, um so besser. Zumal man hier erstmal definieren muss, was keine Beute ist. Diese flauschigen Torpedos sind für viele Dinge zu begeistern. Anpassungsfähig, cerebral gelenkig, explosiv, selbstsicher bis eigensinnig und nur Luschen unter ihnen kommen mit dem Fokuskaleidoskop nicht zurecht. Jedes Wort kann man positiv und negativ auffassen, es gehört zum Terrier dazu. Diese extrovertierten Vertreter sind himmelhoch jauchzend und zu Tode betrübt, ein feuriges Bündel, das einem Herz und Alltag erwärmt.

Letztendlich gibt es noch die Buddies, die Begleiter, die Kumpel. Spitze, Schnauzer, Pinscher, Hütehunde…und jeder, der sich dafür hält.
Sie sind agile Racker, die das Gesellige lieben. Um sich in die Gang zu integrieren, sind sie anpassungsfähig und sagen nicht Nein zu Spiel & Spaß. Die leicht Motivierbaren sind meist sehr fit im Oberstübchen

und haben einen butterweichen Kern. Mittendrin statt nur dabei (Slogan/DSF) ist hier das Motto.

Nichtsdestotrotz muss ein Hund einer speziellen Kategorie oder ein Mehrkomponenten-Schnuffi nicht ausschließlich in ein bestimmtes Schema passen. Ausnahmen bestätigen die Regel und am Ende des Tages ist es egal, wer in welcher Gruppe ist oder nicht.
War es ein guter Tag? Bin ich glücklich? Will ich das nochmal? Tut es mir gut?

Fragen, die speziesübergreifend eine essenzielle Rolle spielen sollten, bis man sich die Radieschen von unten anguckt.

17. Mit dem Hund arbeiten heißt Kommandos beibringen ... nicht wirklich!

Das Kommando ist nur das i-Tüpfelchen.
Die eigentliche Arbeit beginnt viel früher, dauert viel länger und fühlt sich am Ende viel besser an.

Es ist ein gutes Gefühl, wenn man vom Hund wahrgenommen wird, doch es ist keine Selbstverständlichkeit.
Die Hauptarbeit beginnt quasi ab Stunde null, wenn der Hund in das Leben des Menschen tritt.

Nur was isses denn, wenn es kein Kommando ist?
Das ist einfacher und gleichzeitig schwieriger, als man glauben mag.

Es geht schon damit los, dass es sich nicht auf einige Momente im Alltag beschränkt, es findet immer statt!
Immer?
Immer.

Die Basis beruht auf einer Deckung der Bedürfnisse des Hundes. Physiologische Grundbedürfnisse (Essen, Trinken, Schlafen in ausreichenden Mengen), Sicherheit, Sozialkontakte, Geborgenheit, Bewegung, Beschäftigung und auch Ruhe.
Begegnet man dem Tier mit Rücksicht und Empathie, kann man versuchen, sich, mit etwas Glück, in die Lage des Hundes versetzen.
Sieht man die Situation aus der Perspektive des Vierbeiners, entwickelt man dementsprechende Lösungsansätze.

Ein menschlicher Lösungsansatz für ein hündisches Problem kann funktionieren, tut es aber oft nicht.

Dem Hund die Schuld zu geben ist leicht. Leichter, als zu abstrahieren und den Fehler bei sich zu suchen.
Jedoch darf man nicht vergessen, der Mensch gibt die Marschrichtung vor, der Hund folgt. Ok, sollte folgen.
Dann wäre es doch fein, wenn der Mensch weiß, was er vom Hund will und es klar kommuniziert.

Fazit:
Investiert man Aufmerksamkeit, Zeit, Geduld und Liebe, ist das die Basis für ein erfüllendes Zusammensein.

Der Hund gibt dem Menschen immer hundert Prozent, warum sollte es andersherum weniger sein?
Und ... das SITZ wird zur zuverlässig funktionierenden Nebensächlichkeit.

18. ... also unterwirf dich gefälligst!

Tja, Unterwerfen oder Schlafen kann für das ungeübte Auge schon täuschend nah beieinander liegen.
Es gibt zwei Arten der Unterwerfung, aktiv und passiv. Beide Formen werden aus unterschiedlichen Gründen vom Hund gezeigt. Vom Hund.
Nicht durch Druck vom Menschen eingefordert.

Unterdrückung, das hat der Verlauf der Geschichte multipel gezeigt, ist kein gutes Mittel, um sich bei einem Hofstaat durchzusetzen. Ein glücklicher Untertan ist immer freiwillig in seiner Position, denn er weiß um deren Nutzen für ihn.
Wenn die Lütten geschnallt haben, dass es sich für sie lohnt, mucken sie nicht auf. So kann man, mal abgesehen von pubertären Ausrutschern Richtung Amtsanmaßung, davon ausgehen, dass das Hundeleben in der Legislaturperiode kooperativ und harmonisch abläuft.

Bietet man als Legislative (Halter) Raum für Zweifel am Führungsstil, gibt indifferente Handlungsempfehlungen und flexible Verhaltensregeln, bietet das für den Rudelteilnehmer immer Raum für Diskussionen.

Die aktive Unterwerfung findet nie nie nie nie in Angst statt. Sie ist oft subtil und man muss alle Etappen der Handlungskette erfassen.
Der Hund sucht den Blickkontakt und verringert aktiv die Distanz zum Menschen.
Gut, sieht noch aus wie normales Herkommen.

Die Rute wedelt tief, manchmal nur das letzte Drittel und man hört eventuell ein leichtes Winseln.
Insgesamt erscheint Schnuffi wie tiefer gelegt, also kleiner als normal, ohne ihm dafür die Läufe zu kürzen. Ebenso ist Vorstehen oder Anspringen möglich. Gerade das Anspringen ist eine spielerische Ansage, eine Aufforderung zum Spiel.
Das kommt noch aus der Welpenzeit, als Muttchen durch Anstupsen und Lefzenlecken zum Hervorwürgen des Futters animiert wurde. Futterbetteln, eine Form des sozialen Grüßens, ist ein freundliches Einfordern.
Wie gesagt, alles nett gemeint und wenn Hunde das unter sich machen, kann man das noch gut aushalten.

Kommt man allerdings nach einem langen Tag nach Hause und der Sechzig-Kilo-Brocken lutscht einem die Mandeln blank, bevor man den zweiten Fuß durch die Haustür gezwängt hat (manche Vierbeiner sind so energisch in der Begrüßung, dass man kaum die Tür aufbekommt)... sieht das schon ganz anders aus. Da beschwichtigt man als Mensch den Hund, er solle sich doch nicht so aufregen.

Man kommt kaum durch die Tür und schiebt den Langzeitarbeitslosen mit fuchtelnden Händen vor sich her. Der Anzug soll schließlich morgen nochmal mit ins Büro. Sollte, denn nun ist überall Sabber dran. Und die Haare erst.

Hundi sieht jedoch nur: Er begrüßt freudig seinen Langzeitabwesenden und der steigt simultan auf Begrüßung und Spielaufforderung ein und fuchtelt mit den Extremitäten.

Na, wenn das so gut klappt, dann lege ich morgen bei der Begrüßung noch einen Zahn zu!

Bei der passiven Unterwerfung geht die Energie für die Handlung nicht vom Hund selber aus, sondern von seinem Gegenüber. Bei der Annäherung des Sozialpartners legt sich der Hund (von selber!) auf die Seite oder den Rücken. Es gibt keinen direkten Blickkontakt.
Das Motto des Moments ist: du hast recht und ich meine Ruh. Das Ziel ist, die Situation möglichst unbeschadet zu überstehen, bloß nicht provozieren, bloß nichts riskieren.

Was riskiert denn schon ein Hund, kann man sich da fragen.
Das Schlimmste, was passieren kann: der Flohzirkus fliegt achtkantig aus dem Rudel. Egal, wie viele Beine das Rudel auch hat. Man kann sich als Rudeltier allein durchs Leben schlagen, aber das ist weder sicher noch macht es den Solisten (wegen seiner Genetik) glücklich.

So, was gibt es noch…die Mimik ist gespannt wie ein Segel bei ordentlichem Gegenwind.
Das ganze Gesicht scheint sich nach hinten zu ziehen, manchmal offeriert einem der sich windende Wurm auch noch das Submissive Grin (unterwürfige Grinsen), was bei Fehlinterpretation wie Zähneblecken rüberkommt. Erkennt der Halter das Submissive Grin nicht, weist er den Hund für dessen „Drohung" in die Schranken. Wie soll man als Hund noch mehr Schönwetter machen, wenn der Mensch Mimiklegastheniker ist?

Die Ohren liegen plattestens am Kopf an, man hört eventuell ein leichtes Fiepen oder Winseln. Manche pföteln, manche lecken sich die Schnauze – oder dem, den sie beschwichtigen wollen.

Am Ende ist noch eine Urinabgabe dabei, was der Mensch gerne umgehend negativ kommentiert. Man kann es auch einfach zur Kenntnis nehmen und fertig. Und man muss deswegen auch nicht mit Schnuffi auf dem Flur um die Wette strullen!

Was gerne als Akt der Zuneigung gemacht wird, kann vom Hund genauso als passive Unterwerfung aufgefasst werden. Der Mensch schnappt sich den Hund und knuddelt den erstmal so richtig durch. Das Procedere läuft in der caninen Welt unter dem Kapitel Fellpflege.

Wenn man klein ist und Tante Hedwig krallt sich einen, schleift hinter sich den Stoppelhopser den Flur runter, damit man im Bad die Hände von ihr gewaschen bekommt…hört sich das nicht sehr freiwillig an.
Bei Protest (lass mich!!) grunzt Hedwig ein gutturales „Ist doch nicht schlimm, wir müssen das jetzt machen, du willst doch wohl sauber und nicht dreckig sein."

Als Kind denkt man sich, wenn ich Wert auf Sauberkeit legen würde, dann hätte ich mich wohl nicht dreckig gemacht, du Husche!

Am Schluss sabbert einem Hedwig noch die Lippen in einem Nebel von Eau de Seniorenresidenz auf die Stirn und ist ganz zufrieden ob ihres Werkes.
Man selber denkt sich, jetzt wäre wirklich Zeit für den Waschlappen, ich rieche ja wie eine Butterfahrt mit Heizdeckenverkauf. Das nächste Mal, wenn Hedwig kommt, mache ich die Biege.
Und so macht das auch der Hund. Nicht die Butterfahrt, aber wenn er immer wieder einfach so gekrallt wird, um ihn „lieb" zu haben, ist das schon mehr als frech.

Auch ein Hund hat einen Willen und eine Individualdistanz, die es zu respektieren gilt, sofern er sich innerhalb der Hausregeln bewegt. Ignoriert man das, gibt man dem Tier keine Möglichkeit auf Einwilligung und Akzeptanz.
Beschwichtigung, Friedenspfeife und Cooldown werden schlichtweg unterdrückt.

Das ist nicht gesund für eine gesunde Beziehung. Das ist Despotie, nicht Hierarchie. Warum macht man dem Hund kein Angebot, sondern grabscht ihn einfach?
Ist das Angebot gut formuliert, wird Schnuffi nicht nein sagen und gerne kahle Stellen streicheln lassen.

Zusammenfassend kann man sagen, es gibt viele Möglichkeiten seitens des Hundes, um energetisch keine Ausreißer zu produzieren und ein ruhiges Leben in seiner Multi-Spezies-Sippe zu führen.
Wenn man als Mensch nun die Geduld besitzt und die Zeit in Beobachtung seines Vierbeiners investiert, bekommt man viele kommunikative Schattierungen mit.
Diese Schattierungen helfen beiden Seiten, nicht ein Leben am Anschlag von Aktion und Reaktion zu machen.

Man groovt sich ein, wird empfänglicher für das Befinden und die Bedürfnisse des anderen und die Anzahl der hausgemachten Differenzen sinkt.
Es reicht ein Blick, eine veränderte Atmung zum Ausdruck seiner Stimmung.
Wenn man meint, man muss zeigen, dass man der Stärkere ist, hat man schon verloren.

Wie stark bin ich, wenn ich meinen Schutzbefohlenen wider jede Vernunft auf den Rücken werfe? Am Ende drückt man das Tier noch runter, damit das aufmüpfige Mistvieh zeitnah schnallt, wer hier das Sagen hat!
Der Alphawurf, das ist der Name für den Niedergang des Zusammenlebens, wird leider immer noch praktiziert. Das ist kein physischer Dialog, das ist meiner Auffassung nach Anwendung von Gewalt.
Das Vertrauen wird mit Gewalt, Druck und Freiheitsberaubung in den Grundfesten erschüttert.

Zweibeiner, die in der Schule den Belag der Sporthalle im Schwitzkasten inhaliert haben, wissen, was ich meine. Was ist der Preis, wenn man den Hund physisch unterwirft? Man verliert die Psyche, man schadet der Seele.

Es liegt in der Hand des Menschen, dass aus lebenslänglich keine Haftstrafe wird.

19. Aggressiv… was ist das eigentlich?

Der Hund ist aggressiv, der beißt alle.

Zumindest kann man das nicht einfach so stehen lassen…Aggressivität ist normales Verhalten und hat unterschiedliche Gesichter.

Imponieren und Drohen sind die energieärmsten Ausführungen dieses Verhaltens. Zum Beispiel, wenn ein Hund gegenüber einem Konkurrenten sein Revier verteidigt und ihn in die Flucht knurrt. Der Hund macht sich größer, stellt sich zur Schau, um Eindruck zu schinden. Die ganze Palette des Imponierverhaltens wird abgerufen. Gestelztes Laufen, Markieren und richtig einen auf „dicke Hose" machen.
Im Hintergrund spielen Fanfarenzüge, die Lefzen blähen sich leicht pumpend und der Blick liegt nicht direkt auf dem Opponenten. Beim ungerichteten Drohen ist der Übergang zum zielgerichteten Drohen fließend. Ebenso spielt es eine Rolle, wer beeindruckt werden soll. Ein gleichgeschlechtlicher Widersacher erhält nahezu das gleiche Display wie eine potenziell amouröse Verbindung.

Eine Mutter geht mit ihrem gefüllten Kinderwagen zum Einkaufen. Während sie am Regal steht, nähert sich eine Frau und guckt in den Wagen. „Das ist aber ein süßes Baby!", sagt die Frau. Die Mutter steht mit stolzgeschwellter Brust da, zieht die Decke ein wenig zurück, damit das Publikum besser den Liebreiz des Schlafenden sehen kann: „Danke, habe ich selbst gemacht!"

Die zweite Stufe ist der Kommentkampf (oder auch Turnierkampf).

Die gefährlichen Waffen (Zähne und Krallen) werden so eingesetzt, dass gravierende Verletzungen vermieden werden. Es gibt strikte Regeln und eine exakte Abfolge im Verhalten.
Diese Art des aggressiven Verhaltens kann jederzeit in einen Beschädigungskampf übergehen. Dann ist es definitiv kein Kräftemessen mehr.

Solange es durch das Zeigen der Demutshaltung, Senken des Kopfes und Gesten der Unterwerfung zum Stillstand der Auseinandersetzung, zu einer Tötungshemmung kommt, kann man die Auseinandersetzung als aufregend, aber harmlos einstufen.

Es geht um die friedliche, wenn auch eine exaltierte Klärung eines Standpunktes.

Die Frau niest sich erst in die Hand, schmiert die grüne Brosche an der Hose ab und will dann Dornröschen über die Wange streicheln. Dornröschens Mama blockt die Hand des Seuchenvogels und sagt bestimmt: "Das möchte ich nicht, nehmen Sie bitte die Hand weg!"

Last and worst, der Beschädigungskampf...
Sollte es so weit kommen, ist definitiv Schluss mit lustig.

Das Ziel ist das zeitnahe Ableben des Widersachers mit dem verfügbaren Arsenal. Es werden gravierende Verletzungen zugefügt, die bis zu einem bestimmten Punkt noch heilen können. In freier Natur finden diese Kämpfe, bei denen es immer um essenzielle Ressourcen (Nahrung, Revier, Fortpflanzung) geht, selten statt, denn der Unterlegene hat meist die Option, sich rechtzeitig aus dem Staub zu machen.

Ohne diese Fluchtmöglichkeit wird der Tod des Artgenossen bewusst in Kauf genommen. Es geht ans Eingemachte, um das eigene Leben...

keine offene Diskussionsrunde zum Thema – Magst Du das noch fressen, dann verhungere ich eben ... ist auch kein Problem!

Während sich Muttern nun wieder der Auswahl im Regal zuwendet, nimmt die Bakterienschleuder das Kind aus dem Wagen, um es genauer in Augenschein zu nehmen.

Dass das zuviel war, dürfte klar sein. Muttchen grapscht sich ihren Nachwuchs und zieht der Kidnapperin mit Schmackes eine 800-Gramm-Dose Ravioli über den Schädel. Wäre es ein Kommentkampf, hätte es auch eine Salve Brühwürfel getan.

Aggressivität ist normales Verhalten.

Der Umgang mit caniner Aggressivität in Verbindung mit dem Menschen (und dessen Auffassung) kann jedoch bedenkliche Ausmaße annehmen.

Es gibt Menschen, die legen sich einen Hund zu, über den sie ihr mangelndes Selbstwertgefühl kompensieren. Freuen sich, dass er scharf ist (obwohl es oft nur auf unkontrolliert hinausläuft), eventuell Muckis wie irre hat und alles angeht, was sich bewegt. Oder das Monopol auf seinen Menschen von dessen Arm herunter beansprucht. Sie unterstützen eine aggressivere Veranlagung durch gezieltes Fördern einer ihnen schmeichelnden Eigenschaft. Oder pushen es unbewusst durch ihre eigene Angst in Gestik, Mimik und irrationaler Energie.

Man kann zeigen, was für ein Hecht man ist, was für ein starkes Tier man halten kann. Man fühlt sich sicher, wenn man einen Abdreher mit Reißzähnen an der Leine hat. Meist sind das die gleichen Menschen, die mit einem Satz über den Zaun sind, wenn der gleiche Hund ohne Leine unterwegs ist.

Aggressivität ist normales Verhalten. Lediglich die Dosis macht das Gift.

20. Zielgerade

Nachdem es die vorherigen drei Wochen zusehends schlechter wurde, war an einem Samstag das letzte Mal für meinen Belgier die Sonne aufgegangen. Wir wussten es selber nicht bis zu dem Moment, als ich das Telefon in die Hand nahm, um den schlimmsten Anruf zu machen, den man sich als Hundehalter vorstellen kann.

Morgens war sie normal mit draußen. Seit einer Weile ging sie die Strecken durch den Wald nicht mehr mit. Zu weit, zu uneben, zu waldig mit Wurzeln als Hindernis. Aber das war nicht schlimm.
Wir gingen mit unserem Kummerküken mehr durch die Siedlung, ebenso viele Stimuli, jedoch mehr Plattenwege und Asphalt an den Grünstreifen in der Wohnsiedlung, so wurde das Stolperrisiko reduziert.
Kontaktpflege und Markierungsverhalten konnten wie gewohnt stattfinden. Zum Frühstück gab es einen gewürfelten Mozzarella, eine halbe Dose Thunfisch in Öl und geschnippeltes Rinderherz. Es war leicht bewölkt und alles sprach für einen ruhigen Samstag. Ich musste nicht zur Arbeit, alle waren zuhause.

Mittags zum Pinkeln in den Garten und da sah ich den suppenden Verband. Durch die zuvor auch noch ausgebrochene Leishmaniose heilte nichts mehr. Unter anderem ein Dekubitus am Sprunggelenk und kaputte Pfoten verlangten regelmäßig Aufmerksamkeit. Seit dem letzten Verbandswechsel, der dreimal die Woche stattfand, war es gravierend schlechter geworden.
Die Entwicklung der Wunden, der Status des Hundes, das Wissen, was nur noch kommen konnte, fällte die Entscheidung.

Allein der Gedanke sorgt dafür, dass man sich wie ein schlechter Mensch fühlt. Ein Verräter. Aber es geht um das Tier und nicht um mich.

Der Anruf war getätigt, der Tierarzt kam wie verabredet ins Haus. Es bestand keine Eile, denn sie hatte keine Schmerzen.
Auch hier ist es wichtig, so normal wie möglich zu sein. Eine Alltagssituation zu schaffen, in der sich der Hund bis dato immer wohl gefühlt hat. Es ist schon irritierend genug, dass die ganze Zeit geweint wird.
Draußen fing es an zu nieseln.

Während Kochgeräusche die Hintergrundkulisse boten, fütterte ich ein letztes Mal alle vier Hunde zusammen. Ich saß auf dem Boden, vor mir ein Brett mit gewürfelter Hähnchenleber und die Einzige, die von der Besonderheit dieses Mahls wusste, war ich.

Lara lag im Korb, ich saß davor, die anderen drumherum. Ich verteilte die Leber und bekam kaum Luft.
Nach dem Essen hob ich sie ein letztes Mal aus ihrem Korb und setze mich mit ihr auf den Teppich, das Sofa im Rücken. Sie lag zwischen meinen Beinen, den Kopf auf dem Knie und wir sahen in den Garten.

Friedlich flüsterte sich der Niederschlag durch die Botanik. Die Wolken dämmten das Licht und wir lauschten durch die gekippte Terrassentür der Natur. Paddy lag in der Nähe bei uns, Ellie und Gin hatten sich zum Verdauen etwas weiter entfernt abgelegt.
Während mir allerlei durch Herz und Kopf strömte, war die kleine Lara wegen des reichhaltigen Mahls weggeschnorchelt. Ein letztes

Nickerchen in meinen Armen. Sie war satt, zufrieden und alles war eigentlich so wie immer.

Ich sitze oft mit und bei meinen Hunden auf dem Boden. Kontaktliegen als soziale Komponente, ebenso zur Fellpflege oder zum Spiel. Und einfach, weil es sich gut anfühlt.

Und auch wenn der Hund schlief, erzählte ich ihr alles, was sie noch unbedingt hören musste.
Dass sie es gleich noch besser haben wird, wie sie von uns geliebt wird, was sie alles bei uns erlebt hat, wie sie damals zu uns gekommen ist und was wir alles mit ihr mitgemacht hatten.

Und selber musste ich mich zusammenreißen.
Keine Angst zeigen, denn das bekommen die vier Vierbeiner mit. Traurig sein geht eher und lässt sich sowieso nicht verhindern.
Der Regen wurde dichter und sein stetes Rieseln schuf eine milde Kulisse.

Als Lara wieder erwachte, gähnte sie herzhaft und guckte mich aus ihren haselnussbraunen Augen an. Als ob sie mich trösten wollte (die Natur kennt keinen Trost, die Natur kennt Schutz). Sowas macht man, wenn man sieht, dass es einem nicht gut geht. Ich hielt sie in meinen Armen, streichelte ruhig über das weichste Fell der Welt und die flauschigsten Elfenohren, die je an einen Hund geschraubt worden sind.

Dann klingelte der Hitman.

Ich dachte, es würde sich etwas in mir verändern, ich würde mich aufregen oder was weiß ich was. Aber nichts von alledem war der Fall. Es war der richtige Zeitpunkt für einen unausweichlichen Schritt. Ich hatte alles mir nur Mögliche für den Hund getan, nicht nur in den zehn Monaten und drei Wochen ihrer letzten Hospiz-Lebensphase. Das musste ich jetzt auch noch für sie tun. Alles, was in Richtung einer lebenserhaltenden Maßnahme gegangen wäre, hätte ich für mich gemacht. Um sie länger bei mir zu haben, um sie weiter halten zu können. Aber es geht nicht um mich. Wäre es nach mir gegangen, würde jeder meiner Hunde ewig leben, nie krank werden und aus Spaß an der Freude Konfetti pupsen. Die Natur sieht vor, dass alles einen Anfang hat und irgendwann für jeden das Licht ausgeht.

Der Tierarzt sah sich den Hund nochmal an. Lara bekam die Beruhigungsspritze in den Oberschenkel und guckte nur kurz, wegen des Pieksers.
Der Regen hüllte uns in eine Glocke, alles andere verschwand.

Sie atmete ruhig und immer tiefer. Gleichmäßig und ruhig. Ich atmete mit ihr zusammen, ließ meine Hände langsam über ihren Körper fahren, so wie ich es unzählige Male gemacht hatte, als wir einfach nur so auf dem Boden saßen und Zeit miteinander verbrachten.
Sie blickte über meine buntgeringelten Wollsocken in unseren Garten. Ihr sechzehn Kilo leichter Körper wurde immer schwerer. Ich nahm ihren Kopf in meine Armbeuge und wir sahen uns ein letztes Mal an, bevor ihr langsam die Augen zufielen.
Der Tierarzt kontrollierte, ob sie noch bei Bewusstsein war. „Frau Dober, schauen Sie nicht hin."

Dann gab er ihr die zweite Spritze, die sie in die ewigen Jagdgründe schickte. Wir waren alle bei ihr, als sie ihren Körper verließ. Im Kreise ihres Rudels, umgeben von Liebe, machte sich meine Kleine auf die Socken. Sie atmete einmal ein, einmal aus, ein zweites Mal ein und dann war nur noch ihr Körper in meinem Arm.
Nachdem der Tod via Abhören festgestellt worden war, zog der Doktor diskret von dannen.

Zurück blieb ein kleineres Rudel, zwei todtraurige Menschen und eine kleine Malinoishündin, deren furchtloses Herz nicht mehr schlug.

Wir ließen Lara, nachdem wir uns von ihr verabschiedet hatten, eine Weile im Wohnzimmer und verzogen uns in die Küche.
Paddy, Gin und Ellie sollten auch einen privaten Moment mir ihr haben. Verstehen, dass sie nun nicht mehr ist.

Sie näherten sich dem Körper. Schnüffelten dran, zum Teil wurde Lara angestupst. Ich stand in der Küche und sah zu, wie sich das Rudel von einem langjährigen Mitglied verabschiedete. Es bricht einem das Herz.
Dann nahmen wir Lara und trugen sie in den Garten. Durch den strömenden Regen zu dem Loch, das wir zuvor, nach der Diagnose im Dezember, ausgehoben hatten.
Um so bereit wie möglich zu sein, damit wir das am Todestag nicht machen müssen.
Ich legte sie in die Erde. Streichelte sie ein letztes Mal.
Dann kam das Schlimmste. Zuschaufeln. Der Regen pladderte schwer auf die Blätter der großen Marone und vermischte sich mit dem Regen aus unseren Augen.

Ich schreibe von diesem intimen Moment nicht, weil mir noch eine Geschichte fehlt. Ich schreibe, weil ich es für wichtig erachte, nicht nur von Augenblicken voller Lebensfreude, Frust, Albernheit und Harmonie zu schreiben. Es geht nicht ausschließlich um Füttern, Spielen, Spazierengehen und darum, zig Hundehaare direkt nach dem Staubsaugen zu finden.
Es geht um ein Leben mit Licht und Schatten, mit Freud und Leid, mit Sorge und Erleichterung, mit Gewinn und Verlust.

Lasst Euren Hund nicht in seiner letzten Stunde allein. Seid nicht der Mensch, der seinen Wegbegleiter zum Einschläfern in der Praxis abgibt und sich dann verzieht, weil er es nicht aushalten kann. Etwas Geliebtes stirbt. Man kann sich davor schützen wollen, denn es gehört zu den schwierigsten Dingen, denen man im Leben beiwohnen kann.
Doch der Eigenschutz lässt den Protagonisten allein zurück.
Wenn Ihr es nicht mit ansehen könnt, geht dennoch mit. Wenn Ihr Euren Kumpan im Arm halten könnt, er Euch riechen und hören kann, Euren Körper spürt, dann gibt ihm das Sicherheit auf seinem letzten Weg. Geht diesen Weg mit ihm zusammen.
Könnt Ihr das nicht, legt einfach eine Hand vor sein Gesicht und schaut weg. Aber seid für ihn da.
Das ist ein Privileg, das er Euch sein ganzes Leben geschenkt hat.

In der Nacht lag ich im Bett, lauschte dem immer noch fallenden Regen. Abends musste ich keine Tabletten geben, sie nicht die Treppen hochtragen, damit sie in ihr Körbchen kam.
Ich würde heute Nacht nicht aufstehen müssen. Das erste Mal in knapp elf Monaten.
Es gab nichts, was ich in dieser Nacht lieber getan hätte, als mir bei acht Grad Außentemperatur im Nachthemd nen fetten Schnupfen zu holen, während ich warte, dass sie nach dem Pullern zu Ende säuft.

Jetzt ist es zu Ende.
Mach es gut, kleine Maus.

21. Es wird nichts so heiß gegessen, wie es gekocht wird

Wenn ich jemanden beschwichtige, dann versuche ich, die Person damit zu beruhigen.
Zwei Streithähne stehen voreinander und die Eskalation scheint nah. Da kommt ein Außenstehender, trennt die Randalierer, indem er sich in die Mitte stellt, die Arme hebt, die Handflächen zeigen nach vorn, die Stimme ist ruhig und wirkt deeskalierend auf die Kontrahenten ein.

Sowas gibt es auch in der Welt der Hunde. Beschwichtigungssignale dienen dazu, aggressives Verhalten zu reduzieren, zu vermeiden und für eine Beruhigung der jeweiligen Situation zu sorgen.

Werden diese Signale nicht verstanden, ignoriert oder folgen weitere Provokationen, kann es letztendlich zu einer aggressiven Reaktion kommen. Das ist jedoch nicht das Ziel, denn beim Zeigen von Beschwichtigungssignalen hat der Hund bereits Stress, teilt so mit, dass es ihm zu viel wird oder unangenehm ist. Es muss zur Klärung eines Zustandes nicht immer scheppern.

Was sind das nun für Signale, die das Zusammenleben einfacher machen?

Vorab, alles kann einzeln, nacheinander oder auch zusammen gezeigt werden. Alles kann, nichts muss. Deswegen ist auch hier ein detailverliebtes Auge wichtig.

Hier eine Auswahl: Der Kopf wird gesenkt, der Blick/Körper wird abgewendet, die eigene Schnauze lecken, sich hinsetzen oder ablegen (gern auch mit dem Rücken zum Kommunikationspartner), am Boden Alibischnüffeln, mit dem Schwanz wedeln, Verlangsamung der Bewegung, Bögen oder Schlangenlinien laufen, splitten / dazwischendrängen, schmatzen, gähnen, blinzeln...

Die Gefahr liegt nun darin, dass man diese Signale übersieht oder vorschnell wertet, denn viele Signale werden auch in anderen Bereichen, zum Teil mit doppelter oder dreifacher Belegung (Bellen, Lecken, Schnüffeln, Gähnen...) im Alltag benutzt.

Der Einsatz der Beschwichtigung erfolgt im Konflikt mit Kontrahenten. Oder es geschieht etwas, was dem Hund unheimlich oder fremd ist. Es ist die Möglichkeit des Vierbeiners, mitzuteilen, dass ihm bei der aktuellen Situation unwohl ist.

Ein Beispiel aus dem Alltag, das vielleicht der ein oder andere schon erlebt hat. Man lustwandelt durch die Landschaft, lässt die Seele baumeln und beobachtet den Hund, wie er im Freilauf sein Leben genießt.
Aus der Entfernung naht ein Auto.
Ok, Zeit, den Hund abzurufen.

Der buddelt sich gerade eine Direktverbindung nach China. Na gut, vielleicht hat er mich ja nicht gut gehört, so ein Erdloch hat offensichtlich eine reduzierte Akustik.
Das Auto kommt näher und langsam macht man sich Gedanken. Die schwingen auch stante pede in der Stimme mit. Der Abruf wird lauter und die Sorge einer möglichen Kollision verleiht dem Signalwort schon ein paar schrille Obertöne.
Gut, Schnuppi hat es endlich gehört.

Aber, was hat er denn nur, der Mensch? Dann gehe ich da mal hin.

Hund und Auto beinahe auf einer Höhe, der Mensch dreht am Rad, weil er den Hund schon als Kühlerfigur sieht. Der Hund versteht nicht, warum sich der Zweibeiner so aufregt, aber wenn der schon auf hundertachtzig ist, dann macht Hundi mal lieber ein Cooldown. Wenn er jetzt noch in voller Geschwindigkeit auf den Mensch zurennt, könnte der Schreihals das falsch verstehen und sich angegriffen fühlen.

So läuft Schnuffi einen leichten Bogen, drosselt die Geschwindigkeit und gähnt prophylaktisch. Der Mensch steht kurz vor Amok, jetzt macht das Mistvieh auf dem Umweg zu mir noch ein Nickerchen... so reden beide aneinander vorbei.

Das Auto ist übrigens auch schon weg.

Irgendwann trudelt der Hund beim Halter ein, kriegt einen Anpfiff, warum das so lang gedauert hat und beide ziehen unzufrieden von dannen. Der Hund tat alles, um den Halter vor einem Herzinfarkt zu bewahren.
Der Halter bekam beinahe den Herzinfarkt, weil der Hund immer langsamer wurde und Luftlinie auch nicht *nötig* hatte.
Der Halter rief streng nach dem Hund, der als erstes schnüffelte und wegguckte. Dann legte der Mensch durch wachsende Sorge einige Dezibel drauf, der Hund wurde langsamer und lief im Bogen auf seinen Menschen zu. Der Hund teilt durch Beschwichtigung mit, dass die Befindlichkeit des Halters registriert wurde und versucht im gleichen Zug, die Bedrohung, die vom Halter in diesem Moment ausgeht, zu verringern.

Beschwichtigung dient nicht ausschließlich zur Beruhigung einer Situation, sie äußert auch den Stress des Hundes, der sie zeigt.

Permanente Zurechtweisung, Konflikte mit Menschen oder anderen Hunden und vieles mehr schlagen dem Hund auf die Psyche. Wenn man diese Signale liest und ernst nimmt, hilft es nicht nur in der Situation, sondern auch langfristig der Seele des Hundes.
Am Ende gibt es allerdings auch die Art von Mensch, die ihrem Hund über Drill und Schärfe diese Beschwichtigungssignale abtrainiert hat. Der Hund wird in seiner arttypischen Kommunikation beschnitten. Klingt doch nicht schlecht, wenn er dafür nicht mehr rumtrödelt? Weit gefehlt!
Das Tier wird unsicher und das Selbstvertrauen sinkt, was am Schluss sogar in Verzweiflungstaten oder Selbstverteidigung kippt, die nicht geschehen würden, hätte man vorher dem Tier den Respekt gezollt, den es verdient.
Ein Hund muss sich ausdrücken dürfen!

Sieht man es nun von der positiven Seite, kann man diese Beschwichtigungssignale als Mensch auch dem Hund gegenüber einsetzen und so das Zusammenleben optimieren. Ein Mensch kann gähnen, sich seitlich stellen, mal woanders hingucken, schmatzen, abschnaufen, in den Bauch atmen, blinzeln oder nicht direkt auf den Hund zustürmen…

22. Was Gutes tun

Hat man sich nun entschieden, dass ein Hund ins Haus kommen soll oder legt sich einen Nachfolger zu, so hat man die Wahl.

Ein Hund vom Züchter, aus dem Internet oder vielleicht aus dem Tierschutz? Für letztere Wahl kann man sowohl die Tierheime abklappern als auch diverse Organisationen erkunden, die Hunde aus Sheltern aus dem Ausland zu uns bringen.

Nun gibt es Meinungen.
Die einen sagen, der Tierheimhund ist sowieso verkorkst und nur ein Züchter ist eloquent genug, einen soliden Hund auf den Markt zu bringen. Andere sagen, es soll nur ein Tier aus dem Schutz sein, denn die Züchterhunde kommen sowieso an den Mann oder die Frau.
Die Entscheidung, woher der Hund herkommen soll, kann einem keiner abnehmen und hängt auch von der persönlichen Einstellung ab.
Bei beiden Quellen kann man sowohl Glück als auch Pech haben.

Was macht nun den Hund aus dem Tierschutz zu einem Wackelkandidaten? Da gibt es Hunde mit traurigen Geschichten. Halter sind verstorben, Umzugsopfer, Scheidungshunde, der vorherige Halter wurde mit dem Vieh nicht fertig, Beißvorfälle, Angehörige bekamen eine Allergie, man hat sich das irgendwie anders vorgestellt. Und so kann man munter weitermachen.
Zum einen sind Hunde aus dem eigenen Land unter verschiedenen Gründen im Tierheim. Zum anderen kommen immer wieder Tiere aus dem Ausland über Organisationen oder als Urlaubsmitbrinsel in unsere Gefilde.

Mittlerweile ist ein Hund aus dem Tierschutz beinahe Mode, man geht mit dem Trend und tut etwas Gutes. Wie gut, dass es so viele schlechte Hundeländer gibt, die die Samariter aus Deutschland versorgen.

Ein Hund aus dem Ausland bringt oft mehr mit sich als nur eine Vorgeschichte und vielleicht ein paar Krankheiten.
Einen ganz anderen Lebensstil zum Beispiel.
Dreiviertel aller Hunde dieser Welt leben frei. Frei bedeutet, dass sie weder Leinen noch Türen kennen. Sie haben keine geregelten Fütterungszeiten, sondern verschlingen, was sie gerade finden oder mit Manga-Augen geschnorrt haben. Sie leben in Gruppen, was wichtig für das eigene Überleben ist. Somit sind automatisch Hunde anderer Rudel die Konkurrenz um das nächste weggeworfene Stück Pizza.

Der regelmäßige Gang zum Tierarzt ist genauso wenig bekannt wie die Tatsache, dass der Mensch nicht nur als Ernährer funktioniert. Menschen sind meist gefährlicher als die Kollegen der rivalisierenden Gang. Da kommt der Zweibeiner und fängt einen Hund mit Schlinge, Decke und Gewalt. Die Tür des Transporters geht zu und der Kollege ist auf Nimmerwiedersehen verschwunden.
Und der Zauber mit der Tür? Was ist eine Tür? Der Transporter reiht sich in den gefährlichen Straßenverkehr ein und schon ist er weg.

Wenn der Gefangene Glück hat, kommt er in ein Shelter. Wenn nicht, dann nicht.

Wobei ein Shelter auch nur marginal besser als der sofortige Tod ist. Manchmal ist es auch ein Tod auf Zeit, wenn niemand den Hund haben will, es keinen Futterpaten aus dem Ausland gibt, die Frist der Daseinsberechtigung erlischt.

Die meisten Hunde aus dem ausländischen Tierschutz haben entweder ihre Existenz an der Kette als Wachhund gefristet, im Zwinger oder einem Hof und selten auch in Familien, wobei sie deswegen nicht zwangsläufig mit im Haus leben durften.

Durch diese Aufenthaltsform haben sie schnell und meist schmerzlich gelernt, dass der Mensch eher Feind als Freund ist. Brutalität bei der Ausbildung zum Jagd- oder Wachhund, herzfreie Verwahrung und wenn das Mistvieh seinen Dienst nicht macht, fliegt es eben auf die Straße oder man entledigt sich seiner ganz. Für Schießübungen reicht es allemal.

Während die Zahl der Hunde vom Züchter eher leicht rückläufig ist, boomen die Vierbeiner aus Süden und Osten. Neben dem Modefaktor spielt auch eine Rolle, dass viele Halter in spe der Meinung sind, der neue Hund sei dankbar. Dankbar für die Rettung und das Verfrachten gegen seinen Willen in eine Umgebung, in der er nichts kennt.
Soviel zu den Startbedingungen.

Das heißt nicht, dass der potenzielle Familienhund in Rumänien, Spanien oder sonstwo glücklicher gewesen ist.
Das soll nur heißen, dass man sich einem Tier mit polytraumatischem Hintergrund anders nähern muss, ihm mehr Zeit geben muss und mehr Geduld und Verständnis entgegenbringen sollte.

Hunde aus dem Tierschutz haben Probleme, die sich oft bei Züchterhunden nicht so zeigen.
Allen voran die Stubenreinheit. Wenn man die ersten drei Jahre seines Lebens strullen konnte, wann und wohin man wollte, dann ist ein Haus schon recht verwirrend. Bei Züchtern bekommt der Welpe schon die ersten Ansätze mitgegeben.

Angst und Aggression gegenüber Menschen und/oder anderen Hunden sollte es bei der Züchterversion auch nicht geben. Bei Straßenhunden, die sich mit Artgenossen nicht um die aktuelle Tageszeitung prügeln, sondern um lebensnotwendige Kalorien, sieht das schon anders aus. Die Menschen vertreiben sie aus den Häusern, treten sie von den Marktständen und vom Schlafplatz in der Garage. Der Mensch ist nicht nett.

Wenn man mal auf der Straße Selbstversorger war, frisst man als Hund, was man findet und hat den eigenen Jagdtrieb meist gewinnbringend ausgebaut. Karnickel gucken ist schön, Karnickelesser leben besser.

Die Verbindung mit der Leine ist mehr Zwang, nicht erweitertes Händchenhalten und schränkt die Freiheit ein. Dazu kann man sich echt schlecht behaupten, wenn ein träger Fleischklumpen hinten dranhängt. Wenn der Hund sich nicht adäquat zur Wehr setzen kann, dann ist Angriff die beste Verteidigung. Und schwupps landen wir bei der Leinenaggression.
Bei Züchtern ist das den Welpen nicht mitgegeben. Die lernen die Leine neutral kennen, dameln damit vielleicht ein wenig rum und dann hat es sich auch. Wenn Hunde vom Züchter an der Leine steil gehen, hat auch das mit den Erfahrungen zu tun, die der Hund in Verbindung mit seinem Halter macht.

Die Erwartungshaltung an ein neues Familienmitglied ist oft klar gesteckt und tendenziell übermotiviert.

Investiert man jedoch in einen ruhigen Umgang, lässt den Hund auf sich zukommen, dann wird er sich öffnen. Das Tempo gibt der Hund vor, die Konditionen sollten vom Mensch kommen. Mitleid ist an keiner Stelle angebracht.

Es geht um Mitgefühl und darum, dem sozial Obdachlosen zu vermitteln, dass seine Einsamkeit vorbei ist. Man muss sich nicht gleich superwohl fühlen, nur jeden Tag einen Hauch mehr.
Ich kenne einen Hund, der in Italien im Tierschutz geboren wurde und dort seine Jugend verbracht hat. Als großer schwarzer Hund war er nicht vermittelbar und kam in Deutschland ins Tierheim. Ängstlich bis zum Gehtnichtmehr und nichts kennend, fand ihn ein Paar, das sich für ihn begeisterte. Nach langer Kennenlernphase kam der Hund endlich mit nach Hause.

Dennoch brauchte er ewig und drei Tage, bis er mit allem soweit bekannt wurde, dass man von einem normalen Alltag sprechen konnte. Beim Mann des Hauses hatte er entweder Angst oder er wagte sich zu Kontaktaufnahme vor. Das war immer von der Tagesform abhängig.
Bei einem Spaziergang erschreckte sich der junge Rüde, denn Kinder spielten mit Knallern. Das war schon ein ziemlicher Schlag ins Kontor. Die Halterin gewöhnte ihn über mehrere Wochen wieder einfühlsam an die Stelle. Dann kam das zweite akustische Trauma und damit war der Drops für den Hund gelutscht. Als sie wieder zuhause waren, ging er ins Gäste-WC und wohnte von da an in einem kleinen gefliesten Raum. Er nutzte das, was er kannte. Das, was vermutlich dem Tierheim, in dem er aufwuchs am nächsten kam. Eine traurige Art von Wohlfühlgarnitur.
So lebte er mehrere Monate im Gästeklo, wurde von den dort ebenfalls wohnenden Katzen und der Hündin besucht und die Halterin machte sich einen herzhaften Eintopf aus Sorgen, Vorwürfen und Mitleid. Dennoch gab sie nicht auf, sah das Goldstück, was er war und sich nur noch nicht traute zu sein.

Kein Hund ist wie der andere und ein Hund mit Vorgeschichte bringt diese immer als Hochglanzprospekt mit. Es gibt keinen Schalter, den man umlegen kann und alles ist in bester Ordnung, weil nun eine neue Zeitrechnung durch den Umzug in ein neues Zuhause beginnt.

Man muss neue Eindrücke sammeln, damit die bereits gemachten Erfahrungen nicht mehr aktuell sind und langsam an Bedeutung verlieren.
Das heißt nicht, dass alles Erlebte vergessen wird. Man muss Farbe ins Leben bringen, um den Schwarzanteil zu verringern.

Über Bindungsübungen, Vertrauensaufbau und einen liebevollen Umgang wurde es mit dem Fliesenlieger besser. Er wagte sich wieder raus, sogar Freilauf wurde möglich. Es gibt keine Garantie, dass alles rosa und Glitzer wird, und zwischendurch bekommt er immer wieder Flashbacks. Dann fällt er in sich zusammen, zieht wieder in sein Fliesenkabinett und schließt mit der Welt ab.

Das ist für den Mensch auch nicht leicht, denn es ist zum Teil wie ein Schlag ins Gesicht. Man bemüht sich bis kurz vor die eigenen Grenzen, wittert Morgenluft und dann klappt der Hund wieder zusammen.
Doch Dranbleiben ist die Devise. Sehen, was man schon erreicht hat. Erkennen, wo die Stellschrauben sind. Mit den Ängsten des Hundes arbeiten und sie nicht wie eine Lepra-Kolonie umschiffen. Im Tempo des Hundes, damit er sich dabei wohl fühlt. Das liegt in der Verantwortung des Menschen.

Man schenkt dem Hund Zeit und der Hund schenkt einem sich selber.

23. E pluribus unum

Es schmeckt ja bekanntlich am besten, wenn einem Neider die Beute quasi aus den Reißzähnen gucken. Rudeldynamik ist hart, wenn man Neuzugang ist.

Ellie ist nun seit vier Wochen bei uns, gestern wurde sie sechs Monate alt. Ein Kanonenschlag, der Türzargen in die Schranken weist, dem Sofa mittels Zähnen ein Belüftungssystem verpasst, Fernbedienungen zum Recycling vorbereitet, pupst wie Oma nach der Grünkohl-Party (das Problem waren Giardien, die mittels Metronidazol gekillt wurden) und einfach nur ein Welpe ist, der die Welt entdeckt.

Für sie heißt Entdecken jedoch Erobern.
Erst plattmachen und eventuell nachher mal halbherzig fragen.
Die alteingesessenen Hunde ziehen ihr den Despotenzahn und machen sehr deutlich, wem hier was gehört. Und wenn sie zu wild wird, dann bekommt sie ganz feinfühlig vom Hundechef den Scheitel gezogen.

Das heißt jedoch nicht, dass ich Personal habe, welches mein neues Gefolgemitglied erzieht. Sie sind daran beteiligt. Leben im Rudel ist Mannschaftssport, in der jeder sein Quäntchen dazu beitragen muss. Alle müssen mitziehen, sonst rudert man im Kreis.
Einfach auf den Hof platzen, alles haben wollen, jeden nerven und die besten Plätze kassieren klappt nur in der Vorstellung des Welpen.
Also in echt gar nicht.
Die Bestandshunde unterstreichen freundlich, durch Körpersprache, Knurren, Möppeln, gnädige Toleranz oder vollkommene Ignoranz, was nun gut war und welche Idee lieber noch eine Extrarunde

im Bregen (wie man hier im Lippischen zum Oberstübchen sagt) gedreht hätte. Und wenn davon nichts fruchtet, dann wird mit härteren Bandagen gewunken. Dann wird sie manchmal zusammengekläfft, dass ihr die Lauschlappen abfliegen.

Die Bezahlung der Bestandshunde: sie bekommen stalkerverdächtige Aufmerksamkeit vom Kangal-Mix-Stoppelhopser, da schmeckt das Stück Kopfhaut gleich doppelt so gut und wird langsamer als gewöhnlich gefressen. Ellie darf sich ruhig länger angucken, wer hier der Coolste auf Läufen ist.

Ansonsten wächst und macht sie sich prächtig. Sie nimmt fleißig zu und gewinnt an Höhe. Niedlich ist auch das Wachstum an sich. Mal ist das Heck erhöht, mal die Vorderläufe länger, im Moment hat sie einen Hals, mit dem man aus der Dachrinne saufen kann. Das normalisiert sich wieder, ungleichmäßiges Wachstum ist nicht ungewöhnlich.
Sie lernt durch Beobachtung, Versuch und Irrtum. Insgesamt ist sie eher übervorsichtig bis schissig.

Langsam taut sie auf und das ist einfach wunderbar zu sehen. Als ob sie manchmal selber verwundert ist, was so alles geht. Mit Artgenossen klappt es besser als mit Menschen, die Sozialisierung und Habituation (Gewöhnung an die unbelebte Umwelt) weisen erhebliche Defizite auf, aber das wird repariert.
Die wertvollsten Zutaten dafür sind Zeit, Geduld, Verständnis, Geduld, Konsequenz und Geduld.
Habe ich Geduld schon erwähnt?

Ein Kangal ist ein Herdenschutzhund. Ein Kangal tickt anders und im schlimmsten Fall aus. Es ist ihm im Blut, Entscheidungen, trotz vielleicht bester Erziehung, selber zu treffen, denn dafür wurde er gezüchtet.

Kangalwelpen leben und wachsen in ihrer Schafherde auf. Mit diesen Schafen leben sie dann allein monatelang in den Weiten Anatoliens. Treffen Wölfe oder Bären auf die Herde, verteidigt der Kangal nicht die Herde des Menschen, sondern seine Familie. Selbsterklärend, dass die Attitüde und deren schillernde Umsetzung eine andere ist.
Wenn der Hund der Meinung ist, den Seinen droht Gefahr, dann wird gehandelt…nicht diskutiert. Und das ist der Knackpunkt dabei. Wenn der Mensch denkt, er erzieht, oder noch schlimmer, lässt den Hund von Dritten erziehen, wähnt er sich in falscher Macht/Sicherheit.

Ich mache definitiv keine Werbung für diese Rasse, damit man sie sich zulegt, wenn man einen großen Hund haben möchte!
Der Kangal ist die neue Rasse, die nach den sogenannten Listenhunden (ich kriege schon Pickel, wenn ich das Wort schreibe) in den Tierheimen versauert.
Es gibt genügend Auswahl, die man besser führen kann. Es ist kein Modehund, den man sich anschafft, weil die Zeichnung schön ist.

Wir haben Ellie genommen, weil sie in unser Rudel passt, wir nachher eine Aufgabe für sie haben und sie mit großer Wahrscheinlichkeit zum Wanderpokal im Tierheim geworden wäre. Zum einen durch die genetische Disposition, zum anderen, weil sie nen Nagel im Kopp hat.
Die Kombination ist weder etwas für die Stadt noch für Halter mit einem potenziellen Kindersatzverständnis.

Die ersten beiden Wochen hat sie das Rudel schlichtweg nur zur Kenntnis genommen. Was kommt, geht auch wieder.
Nun haben sie die Pille geschluckt, dass Ellie kein Gast, sondern eine Mitbewohnerin ist…na, dann wollen wir mal!

24. Geringelte Wollsocken

Nun war es eine kleine Weile her, dass Lara unter die Marone in den Garten gezogen ist. Ich hatte die Wollsocken in der Hand, die ich an ihrem letzten Tag getragen hatte und eigentlich wollte ich sie wieder in die Schublade legen.
„Jetzt stell dich mal nicht so an“, sagte ich mir und machte die Schublade zu.

Ein langer Tag voll Arbeit lag vor mir. Das Wetter passte super dazu, denn die Wolkendecke dämpfte meine kaum vorhandene Motivation. Ab Mittag regnete es ungebremst.

Morgens war alles so wie immer, nur die Hunde hatten nicht wirklich Kohldampf. Am Abend vorher gab es reichlich, also ist ein ausfallendes Frühstück am Folgetag etwas, was man selber auch schon mal erlebt hat und nichts Schlimmes.
Mittags gab es für jeden einen kleinen Kauknochen, den alle verputzten.

Als ich am Abend nach Hause kam, saß mein Mann mit Gin auf dem Teppich. Gin war zu ihm gekommen. Sie wollte nicht mehr. Das liest sich vermutlich komisch, aber Menschen, die das erlebt haben, wissen, was ich meine.
Sie sah mich an und ich wusste es. Auch, wenn ich es nicht wahrhaben wollte.

Im Mai wurde bei ihr ein aggressiver Mastzellentumor an der Pfote diagnostiziert. Bei der ersten OP wurde der Tumor entfernt, bei der zweiten OP die befallene Zehe.

Nachdem wir alle endlich durchatmen konnten, wuchs eine neue Raumforderung kurz oberhalb der Zehen.
Auch die wurde entfernt. Zu diesem Zeitpunkt war unsere Omi zwölfeinhalb Jahre alt, ein großer Hund von dreißig Kilo. Gin ging immer anstandslos zum Tierarzt, machte alles mit und war die bravste Maus. Sie saß beim Doktor auf dem Tisch und hielt die kranke Pfote für sämtliche Prozeduren, Verbandswechsel und Untersuchungen hin, als ob sie gewusst hat, dass wir nur an ihrem Wohl interessiert waren.

Am Dienstag war Fädenziehen der letzten OP. Am Mittwoch war alles beim Alten, inklusive Spaziergänge und Schlemmerei am Abend. Donnerstag hatte sie morgens keinen Hunger. Am Abend konnte sie weder gut laufen noch stehen und hatte eine gänseeigroße Beule am Hals.
Ihr Blick war zum Steinerweichen.

Auch, wenn man im Unterbewusstsein weiß, was passieren wird, man will es nicht wahrhaben.
Man fragt sich, ob es das nun ist. Fragt den Hund, ob er noch will, ob er noch kann, ob er Schmerzen hat.

Vorsichtshalber sollte der Tierarzt nochmal schauen, doch uns war klar, was nun kommen würde.
Ich nahm ihr Geschirr, das sie zum Autofahren hatte und sie kam, um es sich anziehen zu lassen. Während wir darüber sprachen, was nun zu erledigen sei und wie wir handeln würden, kommt man sich wie ein schlechter Mensch vor. Doch das gehört dazu, wenn man Tiere in seiner Obhut hat. Machen, was möglich ist und wenn es nicht mehr geht, Rückgrat zeigen. Es ging um Gin, nicht um uns.
Durch die Behandlungen kannte es Gin, mit mir zum Veterinär zu fahren. Leise simmerte die Hoffnung, es nochmal zu schaffen.

Simmerte wider die Ratio und das Bauchgefühl, nur, weil man den Hund nicht gehen lassen will.

Wir standen an der Garage.
Es regnete. Wie bei Lara.

Ich öffnete die Autotür und sie stieg ein, wie immer. Auf dem Weg zum Schafott, den Tierarzt hatte ich vorher angerufen, hatte ich die ganze Zeit eine Hand am Hund auf dem Beifahrersitz. Vor Tränen sah ich kaum die Straße, neben mir lag die kleine Gin, die es gleich hinter sich haben würde.
Volle Konzentration, damit man in diesem Ausnahmezustand nicht noch eine Kollision verursacht.
Volle Konzentration auf den Hund, Ruhe ausstrahlen, ihr alles sagen, was sie noch hören sollte. Hören musste, bevor sich unsere Wege trennten.
Beim Tierarzt ließ ich sie erst im Wagen und sagte Bescheid, dass wir da waren.
Es war das Ende der Sprechstunde.

Er kam raus, sah sich den Hund an und sagte schweren Herzens, dass das nichts mehr wird. Wir sind seit immer bei ihm, er kennt uns, er kennt unsere Tiere. Wenn er sagt, das wird nichts mehr, dann kann ich mich darauf verlassen.

Ich nahm Gin auf den Arm und trug sie in die Praxis. Sie sah sich um und ging ins Sprechzimmer. Stellte sich auf die Waage, wie immer. Für sie war es nicht angsteinflößend, für sie war es ein Praxisbesuch. Er tastete sie nochmal ab und machte sich ein genaues Bild, doch es sollte keine Wendung geben.
Der Krebs hatte gestreut.

Als er die erste Spritze aufzog, hielt sie ihm die Pfote hin, wie immer.

Als das Medikament zu wirken begann, stützen wir sie, während sie sich hinlegte. Zogen das Geschirr aus.
Ich kniete mich vor ihren Kopf, nahm sie in den Arm und streichelte ihr Gesicht. Sie war entspannt und angstfrei.
Als sie das Ticket zum Paradies bekam, ging alles ganz schnell und sie schlief innerhalb von ein paar Sekunden zum letzten Mal ein.
Ich hielt ihren warmen Körper in meinen Armen, roch ihr wunderbares Fell und wusste, dass es nun vorbei war.

Zuhause war ihr neues Domizil im Souterrain eingerichtet worden. Sie teilt sich nun ein Doppelzimmer mit Lara. Wir holten Gin aus dem Auto, Paddy und Ellie sollten noch Abschied nehmen.
Danach zog Gin in den Garten um.

Innerhalb von zwölf Tagen hatte sich das Rudel halbiert. Alles ging so schnell, wobei es für Gin das Beste war. Für uns war es ein brachialer Einschnitt, mit dem wir so nicht gerechnet hatten. Der Hund musste sich nicht quälen.
Wir übrigen waren schwer angezählt.
Die Wollsocken habe ich weggeschmissen.
Wenn man ein Rudel hat, egal aus wie vielen Schnuffis es besteht, ist das immer ein Multiplikator.
Viel Freude, viel Nervenzerfetzerei, viel Arbeit, viel Lachen, viel Liebe und viel Trauer.
So, wie einem das Glück ein zufriedenes Lächeln aufs Gesicht zaubert, wenn man mit seinem Quartett durch die Wälder streift, die Hundemarken klingeln leise. Man hört nur seine Schritte das Hecheln der Hunde und vielleicht ein paar Waldbewohner.
Für mich ist es wie aktives Meditieren.
Und so zerreißt es einen, wenn sie irgendwann gehen.

Viele Menschen, die den Tod eines eigenen Hundes erlebt haben, möchten das nicht erneut.

Sie sagen, es war zu schrecklich für sie.
Der Schmerz, das Vermissen, die Angst, die Trauer.
Das will man sich nicht nochmal antun.

Aber hier ist das Leben genauso eine Mischkalkulation, wie in anderen Bereichen auch. Wenn man sich der dunkelsten Stunde entziehen will, es nicht erleben möchte, so verzichtet man auf Momente, die einem mit gleicher Intensität in Erinnerung bleiben. Bis dato war es immer so, dass man länger lebt als stirbt. Folglich gibt es mehr schöne als zerreißende Momente.

Momente, weswegen man noch Jahre später darüber lachen kann oder dankbar ist, sie erlebt zu haben.

Es hängt von mir selbst ab, was ich aus einer Situation mache, welchen Wert ich dem Moment gebe. Welche Wertung der Augenblick von mir erhält. Wie ich diesen Augenblick für mich konserviere. Und ob ich das überhaupt mache.

Man bindet sich an ein Lebewesen, gibt sein Innerstes Preis. Die Antwort ist eine Reflektion des eigenen Einsatzes. Wenn ich viel von mir investiere, ist der Verlust für mich umso schmerzvoller.
Jedoch ein Leben auf Sparflamme und in emotionaler Enklave zu führen, nur um am Ende nicht so leiden zu müssen, ist für mich keine Alternative.
Man gibt alles und bekommt dafür noch mehr.

Man muss nicht nur wissen, dass man seinen Hund liebt, man muss es fühlen. Dann fühlt es der Hund auch.

Darum geht‘s.

Silvia Dober